CB050170

dos nomes divinos
περὶ θείων ὀνομάτων

Dionísio
(Pseudo-Areopagita)

περὶ θείων ὀνομάτων
Dos nomes divinos

introdução, tradução e comentário

BENTO SILVA SANTOS

2ª edição revista

ATTAR EDITORIAL
SÃO PAULO, 2022

© 2004-2022 Attar Editorial

Tradução
Bento Silva Santos

Coordenação editorial
Sergio Rizek

Edição e Prefácio
Marcos Martinho dos Santos

Capa e Diagramação
Silvana de Barros Panzoldo

Imagem da capa: *Martírio de S. Denis*
Henri Bellechose, 1416. Museu do Louvre, Paris

Dados Internacionais de Catalogação na Publicação (CIP)
(Câmara Brasileira do Livro, SP, Brasil)

Pseudo-Dionísio Areopagita
   Os nomes divinos / Areopagita Pseudo-Dionísio ; introdução, tradução e notas de Bento Silva Santos. -- São Paulo : Attar, 2022

   Título original : Peri Thíôn Onomáton.

   1. Deus - Atributos 2. Deus - Nome 3. Misticismo - História I. Santos, Bento Silva. II. Título

03-5378   CDD-231.4

Índices para catálogo sistemático:

1. Deus : Nome e atributos : Doutrina cristã 231.4

ISBN 85-85115-20-3

ATTAR EDITORIAL E COMERCIAL LTDA.
rua Madre Mazzarello 336 São Paulo   SP   05454-040
fone / fax (11) 3021 2199   attar@attar.com.br www.attar.com.br

SUMÁRIO

PREFÁCIO, *Marcos Martinho dos Santos*
Das vidas e dos nomes dionisíacos 11

INTRODUÇÃO, *Bento Silva Santos* 21
I. O CORPUS DIONYSIACUM 22
   1. Da questão areopagítica à fecundidade do anonimato 23
   2. A doutrina, o método teológico e a história dos efeitos do texto 27
      2.1. *Moné*, *próodos* e *epistrophé* 28
      2.2. Métodos ou funções teológicas 32
         2.2.1. Teologia simbólica 33
         2.2.2. Teologia afirmativa ou catafática 34
         2.2.3. Teologia negativa ou apofática 36
         2.2.4. Teologia mística 40
      2.3. Neoplatonismo tardio e Dionísio 43
      2.4. A doutrina do mal 46
      2.5. Dionísio e o Ocidente 46
II. ESTRUTURA E CONTEÚDO DO TRATADO *DOS NOMES DIVINOS* 49
III. NOTA À PRESENTE TRADUÇÃO 53

DOS NOMES DIVINOS

CAP. I	Qual o escopo desta obra e qual a tradição de *Dos nomes divinos*	57
CAP. II	Da teologia unida e distinta, e qual a união e a distinção divina	69
CAP. III	Qual o valor da oração, e acerca do bem-aventurado Hieroteu, e acerca da reverência e da Sagrada Escritura	83
CAP. IV	Do bem, da luz, do belo, do amor, do êxtase, do zelo, e de que o mal não é um ser, nem deriva do ser, nem existe nos seres	89
CAP. V	Do ser e também dos exemplares	127
CAP. VI	Da vida	137
CAP. VII	Da sabedoria, do intelecto, da razão, da verdade, da fé	141
CAP. VIII	Da potência, da justiça, da salvação, da redenção, e também da desigualdade	149
CAP. IX	Do grande, do pequeno, do mesmo, do outro, do semelhante, do dessemelhante, do repouso, do movimento, da igualdade	155
CAP. X	Do onipotente, do antigo dos dias, e também da eternidade e do tempo	161
CAP. XI	Da paz, e que significa o ser-em-si, e a vida-em-si, e a potência-em-si, e outros desses dizeres	165
CAP. XII	Do santo dos santos, do rei dos reis, do senhor dos senhores, do deus dos deuses	171
CAP. XIII	Do perfeito e do uno	173
BIBLIOGRAFIA		179

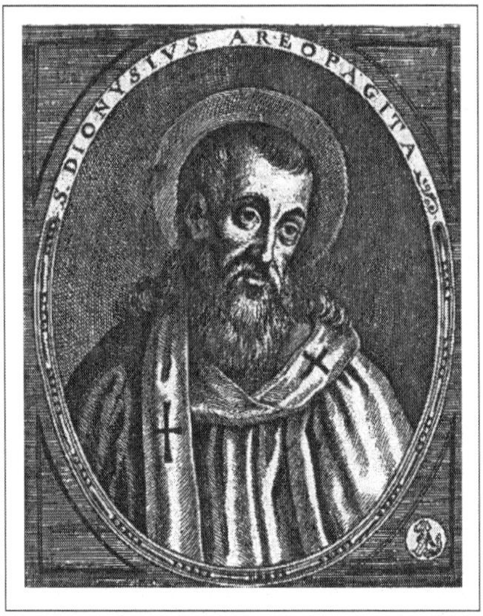
S. DIONYSIUS AREOPAGITA

PREFÁCIO

DAS VIDAS E DOS NOMES DIONISÍACOS

Marcos Martinho dos Santos*

Dos nomes divinos é parte do *corpus Dionysiacum*, ao lado de três outros tratados: *Da hierarquia celeste*, *Da hierarquia eclesiástica* e *Da teologia mística*, e de dez epístolas. O nome do *corpus*, por sua vez, deriva do nome do autor, Dionísio. Na verdade, o nome e também a vida do autor são incertos, uma vez que a tradição cristã, primeiro, hesitou entre Dionísio e outros nomes e, depois de abonar aquele, hesitou entre um Dionísio e outros, ou melhor, entre um Dionísio que fora juiz, e outro que fora teólogo, e outro que fora mártir.

1. do juiz do areópago

No tribunal do areópago, os atenienses mantinham estátuas dos deuses; de medo, porém, de se esquecer de algum que, por isso, os punisse, mantinham ainda uma estátua consagrada, como se podia ler no

---

* Professor do Programa de Pós-graduação em Letras Clássicas, do Depto. de Letras Clássicas e Vernáculas da Fac. de Filosofia, Letras e Ciências Humanas da Universidade de São Paulo.

pedestal, "ao deus ignoto" (At 17,23). Ora, quando lá esteve para dar a Boa Nova aos atenienses, Paulo, valendo-se da ocasião, chamou-os de supersticiosos, por reverenciarem como divinas as estátuas mesmas dos deuses (At 17,23.29), e disse que viera anunciar-lhes o deus ignoto que temiam (At 17,23), pois que esse punha fim aos tempos da ignorância (At 17,30). Alguns aderiram a Paulo com fé, entre os quais Dionísio, um dos juízes do areópago (At 17,34).

Pregação de São Paulo em Atenas (Rafael, 1515)
Dionísio o Areopagita, representado à direita
em primeiro plano, escuta o Apósotolo extasiado

2. do autor de *Dos nomes divinos*

Com aquele Dionísio, juiz do areópago, identifica-se, antes de tudo, outro Dionísio, autor de *Dos nomes divinos*, de acordo com a história que narra e também a doutrina que explica nesse e noutros textos seus. Pois, de um lado, narra, em *Dos nomes divinos*, que fora introduzido na iluminação divina pelo apóstolo Paulo (2, 11: *Patrologia Graeca* III 649 c) e que assistira ao adormecimento da Virgem, com Tiago e Pedro (3, 2: PG III 681 c). Ademais, narra, na "Epístola 7, a Policarpo", que, quando estivera em Heliópolis com o amigo Apolófanes, observaram o eclipse solar produzido miraculosamente no instante em que o Senhor era crucificado. Aliás, isso tudo e mais foi o que Ana Catarina Emmerich disse ter visto, em Flamske, no séc. XX, e foi a partir da descrição minuciosa de tal visão mística que arqueólogos puderam identificar e, assim, corrigir o sítio do adormecimento da Virgem: não aquele de Getsêmani, Jerusalém, que até então se venerava, de acordo com os *Atos dos apóstolos* (At 1,12-4), mas outro, de Ayasuluk, Éfeso.

De outro lado, explica, já no cabeçalho de *Dos nomes divinos*, que a primeira regra de sua doutrina é demonstrar a verdade do que se diz de Deus, não em arrazoados que se fiam da sabedoria humana, mas em demonstração segundo a qual aderimos ao ignoto por meio da ignorância (1, 1: PG III 585 b), pois que é para predispor a ciência superessencial à ignorância da superessencialidade, que supera razão e intelecção e essência (1, 1: PG III 588 a). Assim também, em *Da teologia mística*, roga que entremos para a escuridão supraluzente e que por meio da cegueira e ignorância vejamos e conheçamos o que supera a visão e o conhecimento, pois que esse não ver nem conhecer é que é realmente ver e conhecer (2: PG III 1025 b).

Em suma, em 30 d.C., em Heliópolis, Dionísio observa o eclipse anunciado por Cristo segundo o Evangelho (Mt 24,29-31; Mc 13,24-7; Lc 21,25-8); em 52 d.C., de volta a Atenas, ouve Paulo no areópago e adere à palavra dele com fé; cerca de 70 d.C., em Éfeso, presencia, com Pedro e Tiago, o adormecimento da Virgem. Daí, em textos, explica a doutrina teológica, segundo a qual é por meio da ignorância mística que o homem põe fim à ignorância, ou melhor, conhece o deus ignoto de Paulo, o deus superessencialmente desconhecido.

3. do mártir de Montmartre

Com o Dionísio de Atenas, porém, e, daí, com o autor de *Dos nomes divinos*, identifica-se, ademais, o Dionísio da antiga Lutécia, atual Paris, segundo a biografia *Post beatam et salutiferam*, de Hilduíno, abade de Saint-Denis (814-40 d.C.), e outras. Ora, primeiro, Dionísio foi feito bispo de Atenas por Paulo; depois, foi enviado a Lutécia, segundo uns, pelo papa Clemente I (88-97 d.C.) ou, segundo outros, pela Virgem mesma, que

São Dionísio
Painel Português do séc. XV

assim, pouco antes de seu adormecimento, derramava suas bênçãos sobre a Lutécia e toda a Gália. Seja como for, Dionísio partiu de Atenas com o padre Rústico, o diácono Eleutere e outros e, em Lutécia, operou milagres e converteu muitos pela pregação. Entre os conversos, porém, estava Líbio, que, por renegar o culto dos ídolos, foi decapitado; daí, Lárcia acusou Dionísio de ter encantado o marido com magia, o que culminou com a decapitação de Dionísio e também de Rústico e Eleutere, a mando do prefeito Festínio. Miraculosamente, porém, o tronco de Dionísio, graças à intervenção de dois anjos, põe-se de pé, toma nas mãos a cabeça e marcha para o norte por duas milhas, até que cai no lugar em que foi enterrado.

O lugar do martírio de Dionísio chamava-se então monte de Marte, pelo que lembra o lugar da conversão, o areópago, ou melhor, o *págos* ou "monte" de Ares, deus grego com que se identifica o romano Marte; depois, porém, passou a chamar-se monte dos mártires, ou ainda, Montmartre. Já o lugar do túmulo de Dionísio foi o da cidade que hoje tem o nome – francês, bem entendido – do santo: Saint-Denis. Aqui e ali, as duas atuais basílicas: em Montmartre, a do Sacré-Coeur, e em Saint-Denis, a de Saint-Denys.

O lugar do túmulo de Dionísio cedo se tornou destino de peregrinação; em 313 d.C., erigiu-se um memorial e, logo após, uma capela; em 475 d.C., instado por Genevra, ou Sainte Geneviève, o clérigo de Lutécia fez construir-se uma igreja; no séc. VII, sob Dagoberto, fundou-se a abadia; em 754 d.C., sob Pepino o Breve, consagrou-se o altar basilical. Foi no séc. XII, porém, que se fez a reforma do edifício que chegou até nós. O projeto arquitetônico foi todo concebido e empreendido por Suger, que para tal se

Afresco de Giacomo Jacquerio na capela de Santo Antonio di Ranverso que retrata São Dionísio decapitado (Turim, séc. XV)

inspirou nos textos de Dionísio, particularmente em *Da hierarquia celeste*, e também contou com a colaboração de Hugo de S. Vítor, autor de um comentário a *Da hierarquia celeste*. Ora, no "Capítulo I" de *Da hierarquia celeste*, diz-se que da luz-em-si sai um raio que transfigura a matéria e unifica o homem, de maneira que, por meio daquela, este pode subir do visível ao invisível, ou ainda, da luz sensível à luz inteligível. Por isso, o projeto de Suger incluía inscrições e figuras alegóricas e simbólicas e também um grande vitral que não só resumia toda a hierarquia dos serafins, querubins e tronos, dos poderes, senhorios e capacidades, dos anjos, arcanjos e principados, descrita por Dionísio, mas tornava sensível a luz inteligível que, à medida que o atravessava, inundava todo o interior do edifício. Porém, o vão que o vitral devia ocupar na parede era tal que essa fácil ruiria sob o peso da cúpula, de maneira que Suger teve de projetar um sistema de arcos que distribuíssem aquele peso; assim, porém, acabou por descobrir um novo estilo arquitetônico, que ele mesmo chamou *opus novum*, e que outros adotaram, por exemplo, na reforma das catedrais de Chartres (1145), Reims (1211), Notre-Dame de Paris (1250).

4. da identificação e da distinção dos três Dionísios

Como se vê, a identificação do autor de *Dos nomes divinos* com o juiz do areópago depende exclusivamente do testemunho do próprio autor, e a de ambos com o bispo das Gálias, de lendas recolhidas muito posteriormente por Hilduíno e outros. Assim também, a distinção dos três Dionísios é sugerida por testemunhos diretos e indiretos do *corpus*

Dionysiacum. A distinção do bispo das Gálias é indicada, por exemplo, pelos testemunhos indiretos de Basílio de Cesareia (329-79 d.C.) e Gregório de Tours (ca. 538 - ca. 594 d.C.). Este, na *História dos francos*, situa a decapitação de Dionísio, bispo de Lutécia, sob o príncipe Décio, isto é, entre 248 e 251 d.C., o que se afina com o fato de a primeira menção do bispado de Dionísio ter sido feita apenas no séc. IV, por Basílio de Cesareia.

Já a distinção do autor de *Dos nomes divinos* é sugerida, antes de tudo, por testemunhos diretos do *corpus Dionysiacum*. Pois, de um lado, aquele descreve práticas do ofício cristão e também explica doutrinas da teologia cristã que, todavia, são muito posteriores à era apostólica, em que viveu o juiz do areópago. Por exemplo, em *Dos nomes divinos*, o autor explica a doutrina segundo a qual Jesus se constituiu dos recônditos humanos, mas permaneceu simples; ou ainda, o eterno aceitou a extensão temporal, mas manteve tudo que é seu imutável e inconfuso (1, 4: PG III 592 a). Ora, só em 451 d.C., quando do Concílio de Calcedônia, se defendeu a posição segundo a qual a natureza divina de Jesus não se confundira com a humana na encarnação, contra a posição monofisita, segundo a qual Jesus tivera apenas natureza divina, e só então o termo *asýgkhytos* ou "inconfuso" foi incorporado ao jargão da teologia cristã. Assim também, na *Hierarquia eclesiástica*, o autor descreve a prática segundo a qual, antes de apresentar o pão divino e o cálice da bênção, os sacerdotes mui santos cantam o princípio operador e doador do bem com o cântico universal. Ora, só em 476 d.C. tal prática foi instituída por Pedro o Pisoeiro. Daí, tais testemunhos afinam-se com o fato de a primeira menção do *corpus Dionysiacum* datar de 533 d.C., quando de um encontro de ortodoxos e monofisitas em Constantinopla.

De outro lado, o autor do *corpus Dionysiacum* usa de conceitos e termos da filosofia grega igualmente posteriores à era apostólica. Na verdade, usa, antes de tudo, de conceitos e termos platônicos e aristotélicos, que, por si, decerto não colidem com aquela era. Por exemplo, este passo de *Dos nomes divinos*: *homoiómata tôn theíon autoû paradeigmáton* (7, 3: PG III 869 d: "semelhanças dos exemplares divinos dele"), lembra aquele do *Parmênides* de Platão: *tà mèn eíde taûta hósper paradeígmata hestánai* [...]*, tà dè álla* [...] *eînai homoiómata* (PL. *Parm.* 132 d: "esses aspectos são como exemplares [...], e as outras coisas [...] são semelhanças deles"), na medida em que, aqui e ali, se aproximam, um do outro, os termos *homoiómata*, "semelhanças" e *paradeígmata*, "exemplares". Ou ainda, este passo de *Dos nomes divinos*: *hoû héneka* (4, 10: PG III 705 c: "pelo qual"), e este outro: *télos* [...] *tò agathón, toû* [...] *agatoû héneka* (4, 31: PG III 732 b: "termo [...] o bem, pelo [...] bem"), lembram aqueles da *Metafísica* e dos *Analíticos posteriores* em que Aristóteles designa a causa final por meio da expressão *tò hoû héneka kaì tagathón*, "o 'pelo qual' e o bem", e da palavra *télos*, "termo" (ARSTT. *M.* A 3, 983 a 23 - b 5; *An. post.* II 11, 94 a 20-3). Porém, se os conceitos e termos platônicos e aristotélicos, por si, não obstam à datação mais alta do *corpus Dionysiacum*, a mescla mesma daqueles, todavia, é comum a platônicos mais ou menos posteriores à era apostólica.

Ademais, o autor do *corpus Dionysiacum* usa de conceitos e termos cunhados por tais platônicos. Por exemplo, este passo de *Dos nomes divinos*: *tôn mystikôn tês symbolikês theophanías oráseon* (1, 6: PG III 596 a: "das visões místicas da simbólica aparição divina"), fácil se aproxima deste outro de *Da gruta das ninfas* de Porfírio: *symbólon mystikôn* (PORPH. *De antr. nymph.* 4, 21: "dos símbolos místicos"), na medida em que o vínculo dos termos *sýmbolon* e *mystikós* se consagra com platônicos do séc. III, como Porfírio. Assim também, a tríade que se lê neste passo de *Dos nomes divinos*: *noûn è zoèn è ousían* (1, 5: PG III 593 c: "intelecto ou vida ou essência"), e neste outro: *hypèr noûn, hypèr zoén, hypèr ousían* (2, 11: PG III 648 c-d: "sobre intelecto, sobre vida, sobre essência"), parece depender daquela que se lê em dois passos da *Teologia platônica* de Proclo: *kaì ousía kaì zoè kaì noûs* (PROCL. *Theol. Plat.* III 51, 7; IV 17, 1: "e essência e vida e intelecto"). De Proclo, na verdade, Dionísio ainda teria ido ao tratado *Da subsistência do mal* buscar argumentos para os parágrafos 18-34 do "Capítulo IV" de *Dos nomes divinos*. Ora, Proclo morreu cerca de 485 d.C., o que também se afina com o fato de a primeira menção do *corpus Dionysiacum* datar de 533 d.C., como já se disse.

5. da razão e da autoridade das posições

Em favor de ambas as posições, isto é, da identificação ou da distinção dos três Dionísios, pesaram, a par desses argumentos de razão, outros de autoridade. Em favor da distinção, já no séc. VI, Hipácio acusou o silêncio dos Padres, particularmente o de Atanásio; pois esse decerto teria tirado muito proveito do *corpus Dionysiacum* no Concílio de Niceia, de maneira que, se dele não usou, foi ou porque não existiam ou porque, se existiam, não os tinha por autênticos. Em favor da identificação, no mesmo séc. VI, o autor de *Dos nomes divinos* foi chamado "antigo e venerável pai" pelo papa Gregório o Grande, na "Homilia 34, sobre o Evangelho".

O pai da identificação dos três Dionísios, porém, foi Hilduíno, como já se disse, o qual não só redigiu a biografia do bispo de Lutécia, mas acompanhou a transferência do *corpus Dionysiacum* para a abadia de Saint-Denis e dirigiu a tradução do mesmo para o latim. De fato, em setembro de 827 d.C., delegados do príncipe bizantino, Miguel o Gago, foram até Luís o Pio oferecer-lhe presentes, entre os quais manuscrito do *corpus Dionysiacum*. Então, Hilduíno, primeiro, acompanhou a transferência do manuscrito para Saint-Denis aos 8 de outubro, véspera da festa do mártir S. Dionísio; depois, dirigiu um grupo de escribas gregos e latinos que concluíram a leitura, transcrição e tradução do manuscrito em 835 d.C.. Ora, a posição de Hilduíno foi abonada por doutores máximos da Igreja, por exemplo, no séc. XII, por Hugo de S. Vítor e, no séc. XIII, por Alberto o Grande e Tomás de Aquino, todos, aliás, autores de comentários a textos dionisianos.

Não só pela fé dos Padres no autor do *corpus Dionysiacum*, porém, foi sustentada a identificação dos três Dionísios, mas também pelo interesse dos reis no apóstolo das Gálias e, daí, na abadia de Saint-Denis. De fato, uns poucos casos bastam para medir-se o prestígio de ambos. Assim, era à capela de Dionísio que ia orar Genevra, posteriormente padroeira de Paris, e foi à abadia de Saint-Denis que foi depor suas armas Joana d'Arc, posteriormente padroeira de França. Assim também, os reis de

França foram sepultados, o mais das vezes, na abadia de Saint-Denis, e o rei Carlos o Grande dizia que de Deus e de Dionísio tirava a sustentação do reino dos Francos, e que a abadia de Saint-Denis era chefe e senhora desse reino. Assim também, em 753 d.C., quando o papa Estêvão II foi à França pedir a Pepino o Breve proteção e apoio para combater os lombardos, foi na abadia de Saint-Denis que ficou hospedado, e foi de lá que levou para Cosmedina relíquias do mártir S. Dionísio. Assim também, foi em Montmartre que, em 1534, Inácio de Loyola se reuniu com outros seis e, então, fundou a ordem da Companhia de Jesus.

Por isso, aliás, os que entreviram a distinção dos Dionísios, ou se calaram ou foram calados... Ora, a tradução dirigida por Hilduíno de tal modo deixara a desejar que, em 850 d.C., a pedido de Carlos o Calvo, foi revista e corrigida por João, cognominado o Escocês (*Scotus*) ou o Irlandês (*Eriugena*). Na "Dedicatória ao rei" com que prefacia sua tradução, porém, João refere mais de uma vez episódios da vida do juiz do areópago, mas nunca algum da vida do bispo de Lutécia (cf. PL CXXII 1031 c-d; 1032 c - 1033 b). Daí, pois, se poderia inferir que ele identificasse o autor do *corpus Dionysiacum* com aquele, mas não com este. Seja como for, parece que, se a favor da segunda identificação nada disse, contra ela, todavia, tudo calou. Mais ousado que João, porém, ou menos pio, foi Pedro Abelardo. Este, segundo a *História das minhas calamidades*, primeiro, teria referido um passo da *Exposição dos Atos dos apóstolos* de Beda o Venerável em que se identificaria o autor do *corpus Dionysiacum*, não com o Dionísio de Atenas, mas com aquele outro de Corinto; ademais, teria acolhido a lição de Beda, alegando que a autoridade desse era maior que a de Hilduíno. Tal teria sido, porém, a ocasião que os inimigos de Abelardo aguardavam para daná-lo (PL CLXXVIII 153 b - 155 a). Calamidades tais, enfim, ainda teriam levado Abelardo a rever sua posição na "Epístola 11" (PL CLXXVIII 341-4).

Porém, a importância da identificação dos três Dionísios pode ser medida não só pelos sacerdotes e reis que cultuavam a fé cristã, mas por aqueles se opuseram a essa. Assim, não por acaso, é o autor do *corpus Dionysiacum* que Martinho Lutero, em 1520, no *Cativeiro da Babilônia*, acusa de ser mais platônico que cristão. Assim também, não por acaso, foi uma Montmorency-Laval que os revolucionários decapitaram em Montmartre sob o Terror; pois, por pertencer à Casa de Montmorency, descendia de Lísbio e Lárcia e, daí, representava a aliança do baronato e da Igreja. Assim também, não por acaso, foi o estilo novo de Suger que Giorgio Vasari, em 1550, pela primeira vez, chamou de gótico, a depreciá-lo.

Conclusão

Ao fim e ao cabo, o que é mais curioso. Pois, antes de tudo, o *corpus Dionysiacum* ensina que a natureza divina de Jesus não se confundiu com a natureza humana quando da encarnação. Porém, os relatos da vida de Dionísio confundem as vidas de três personagens diferentes. Ademais, o *corpus Dionysiacum* ensina que a causa de tudo é celebrada tanto como não nomeada quanto como digna de todo nome (DN 1, 6: PG III 596 a), ou ainda, que a ela convêm tanto o anonimato quanto todos os nomes dos seres (DN 1, 7: PG III 596 c). Porém, Máximo o Confessor (séc. VII), bem que identifique o autor do *corpus Dionysiacum* com o juiz do areópago, confessa, todavia, que o manuscrito, antes de ter sido atribuído a esse, fora atribuído a certo Dionísio de Alexandria, senão também a certo Apolinário. Daí, o autor ou não tem nome certo, anônimo, ou tem muitos incertos, poliônimo. Enfim, o *corpus Dionysiacum* ensina a descrever Deus, não pelo que é, mas pelo que não é (DN 13, 3: PG III 980 - d 981 b; MT 4-5: PG III 1040 c - 1048 b). Daí, hoje, dá-se ao autor, não o nome de outrora, isto é, Dionísio do areópago, mas a negação desse, isto é, Pseudo-Dionísio-o-Areopagita.

Advertência

A presente edição da tradução de *Dos nomes divinos*, por não tomar parte na questão areopagítica, nem afirma nem nega a alcunha do autor, de maneira que lhe conserva, tão-só, o nome Dionísio – por cautela, por piedade, por ignorância...

INTRODUÇÃO

Empreender o estudo e a tradução da obra de um autor do qual nem sequer conhecemos traços biográficos elementares, quinze séculos depois do aparecimento de seus escritos, pode ser julgado tarefa ociosa, de pouca utilidade para a teologia atual. Porém, não se pode ficar indiferente ao cerne da obra de Dionísio, isto é, à busca insaciável do divino através de uma experiência imediata de Deus, ou do Uno, e também à linguagem mística que se articula com a especulação e com o discurso altamente simbólico e evocativo da louvação (doxologia).

As páginas que se seguem têm por escopo evidenciar a singularidade de uma obra filosófico-teológica capaz de, por si mesma, despertar o interesse de qualquer leitor, seja o simples leigo, seja o erudito afeito aos rigores acadêmicos, seja o religioso de vida ativa ou de vida contemplativa. O fascínio que emerge da obra *Dos nomes divinos* deve-se ao fato deste traçar um caminho místico possível a todas as pessoas – isto é, àquelas que se orientam pela luz e pela bondade da ação –, e não restrito a alguns privilegiados, como se detivessem o monopólio da vocação à santidade, do caminho evangélico mais perfeito. Sinal desta mística universal é o método negativo da obra que põe em xeque toda tentativa de enquadrar a Deus nas malhas da linguagem religiosa[1].

---

[1] *Mutatis mutandis*, o caso do livro de Jó é emblemático e paradoxal: os seus falsos amigos tentam domesticar a Deus dentro dos quadros estabelecidos pelo dogma retribucionista das escolas sapienciais de Israel. O Deus professado por Jó é

Se Deus está além de todos os nossos modelos ou esquemas conceituais – sendo, portanto, superessencial, supereminente, superinfinito, hipercósmico, superdivino, indizível, incompreensível e misterioso –, para chegarmos ao Deus da vida precisamos negar nossas elucubrações e fantasias sobre Ele. Deus é mistério, soberanamente livre em seus desígnios. O caminho místico aberto por Dionísio (ou Pseudo-Dionísio Areopagita, como ficou conhecido) no Ocidente, a partir do século IX, para qualquer experiência cristã, não tende a encontrar um esquema teórico do que Deus é e do que somos mas, sim, propiciar um encontro vivo com Deus, através do qual possamos decifrar o que o mundo moldado pela fraternidade e as almas dos justos escondem: a presença inefável de Deus.

I. O *CORPUS DIONYSIACUM*[2]

O *corpus Dionysiacum* compõe-se de quatro tratados (*Hierarquia celeste*[3], *Hierarquia eclesiástica*[4], *Dos nomes divinos*[5], *Teologia mística*[6]) e

---

Alguém que não se encerra em esquema humano algum, pois é Senhor absoluto e livre. A propósito da questão acerca da liberdade e da soberania de Deus na teofania final do livro de Jó, cf. meu livro *A experiência de Deus no Antigo Testamento*. Aparecida (SP), Santuário, 1996, 95-108.

[2] Cf. a edição das obras completas de Dionísio: M. GANDILLAC, *Oeuvres complètes du Pseudo-Denys l'Aréopagite*. Paris, Montaigne, 1943; P. SCAZZOSO, *Dionigi Areopagita. Tutte le opere* (Introduzione, prefazioni, parafrasi, note e indici di E. Bellini). Milano, Rusconi, ⁴1999; C. LUIBHEID, *The Complete Works*. New York-Mahwah, Paulist Press, 1987; T. H. MARTIN, *Obras completas Del Pseudo Dionísio Areopagita*. Madrid, La Editorial Católica, 1990.

[3] Cf. PSEUDO-DIONIGI L'AREOPAGITA, *Gerarchia celeste. Teologia mistica. Lettere. Introduzione, traduzione e note* a cura di S. LILLA. Roma, Città Nuova, 1986.

[4] Cf. PSEUDO-DIONIGI L'AREOPAGITA, *La gerarchia ecclesiastica. Introduzione, traduzione e note* a cura di S. LILLA. Roma, Città Nuova, 2002.

[5] Cf. B. R. SUCHLA, *Die Namen Gottes*. Stuttgart, Hiersemann, 1988; V. MUNIZ RODRIGUEZ, *Significado de los nombres de Dios en el corpus Dionysiacum*. Salamanca, Universidad Pontificia, 1975.

[6] Cf. a tradução de L. A. DE BONI, *Filosofia medieval. Textos*. Porto Alegre, Edipucrs, 2000, 69-74; M. S. DE CARVALHO, *Pseudo-Dionísio Areopagita: Teologia Mística*. Porto, 1996.

de dez *Cartas*[7], mas ainda se discutem questões complexas acerca da autoria e da doutrina filosófico-teológica de tais escritos. Para explicitar esses problemas, abordaremos sucessivamente dois pontos, a saber: 1. Da questão areopagítica à fecundidade do anonimato; 2. A doutrina, o método teológico e a história do texto.

1. Da questão areopagítica à fecundidade do anonimato

A célebre "questão areopagítica" foi colocada pela crítica moderna para desmascarar o verdadeiro autor do *corpus Dionysiacum*. Pois quem foi o autor que utilizou o nome do discípulo de São Paulo convertido no Areópago de Atenas? Mesmo que se multipliquem as hipóteses sobre a identidade do autor do *corpus*[8], este afã de identificação cientificista não respeita o anonimato como mais fecundo para o pensamento que se deixa inspirar pela teologia do *corpus* e ignora o fato de que o problema da autoria não foi vivido pelo escritor com a intensidade crítica dos estudos modernos. Seja como for, vejamos brevemente a problemática evocada acima.

Em suas obras, o autor do *corpus Dionysiacum* foi confundido durante séculos com o Dionísio Areopagita, mencionado em At 17, 34[9], que fora convertido por S. Paulo ao cristianismo. O autor desses escritos

---

[7] As obras citadas serão abreviadas segundas as edições clássicas com o título latino: *De coelesti hierarchia* (CH); *De ecclesiastica hierarchia* (EH); *De divinis nominibus* (DN); *De mystica theologia* (MT); *Epistolae* (EP). Para a edição crítica do *corpus*, cf. B. R. SUCHLA, *Corpus Dionysiacum 1: De divinis nominibus*. Berlin--New York, W. de Gruyter, 1990; G. HEIL, *Corpus Dionysiacum 2: De coelisti hierarchia. De ecclesiastica hierarchia. De mystica theologia. Epistulae*. Berlin-New York, W. de Gruyter, 1991.

[8] As principais hipóteses são: Severo de Antioquia; um personagem do tempo de Atanásio; amigo egípcio de Apolinaro; discípulo de Basílio Magno; Amônio Sacas; Pedro Hispano; Pedro de Antioquia; Dionísio de Alexandria; Pedro Fulón; Dionísio de Gaza, etc. Cf. W. VÖLKER, *Kontemplation und Ekstase bei Pseudo-Dionysius*. Wiesbaden, Steiner, 1958, 5-11; S. LILLA, *Introduzione allo studio dello Pseudo-Dionigi l'areopagita*, Augustinianum 22 (1982) 533-537; 568-571.

[9] "Todavia alguns homens aderiram a ele e creram: entre eles Dionísio, o Areopagita, e uma mulher chamada Damaris, e com eles ainda outros" (At 17, 34).

foi considerado posteriormente por todos como originário dos tempos apostólicos, que se tornou, segundo testemunhou Eusébio de Cesareia, o primeiro bispo de Atenas.

Em Constantinopla o Imperador Justiniano (532-533 d.C.) convocara um Sínodo de caráter local para dirimir algumas questões doutrinais entre monofisitas severianos e partidários ortodoxos da fórmula do Concílio de Calcedônia (451)[10]. Os seguidores do bispo Severo, patriarca de Antioquia († 538), para provar a autoridade de seus ensinamentos, empregam como argumento os escritos de "Dionísio Areopagita", juntamente com alguns textos de Cirilo e de Atanásio. Na opinião deles, a definição conciliar não salvaguardava a unidade de Cristo. Surgiu assim no Oriente uma divisão entre aqueles que aceitavam a fórmula de Calcedônia sem reservas, denominados calcedonianos, e aqueles que a recusavam como comprometedora, chamados severianos. É a primeira vez que oficialmente se atribuía ao convertido por S. Paulo um conjunto de escritos. Hipácio, bispo de Éfeso, presente no Sínodo, rechaçou os escritos, manifestando sua surpresa ante a existência dos mesmos: como era possível que durante cinco séculos os grandes Padres da Igreja os tivessem ignorado? Não obstante algumas contestações acerca da autenticidade, "o divino Dionísio" foi citado com sumo respeito pelo Papa Gregório Magno em 593 e foi lido e comentado por Máximo o Confessor († 662).

Na Idade Média, Hilduíno († 844) procurou respaldar ainda mais sua autenticidade escrevendo, por ordem do Imperador Luís o Piedoso, a *Passio sanctissimi Dionysii*[11]. A partir dos elementos autobiográficos dispersos no *corpus* e daqueles referidos por Eusébio, Hilduíno criou a lenda sobre o convertido no Areópago, fazendo dele também o primeiro

---

[10] Eis a definição de Calcedônia em sua proposição central acerca das duas naturezas de Cristo: "um só e mesmo Cristo, Filho, Senhor, Unigênito, em duas naturezas (*en dyo phýsesin*), sem confusão ou mudança, sem divisão ou separação (*asýnkhytos átreptos adiaíretos akhóristos gnoridzómenon*)" (DENZINGER, H. & SCHÖNMETZER, A. [ed.] *Enchiridion symbolorum, definitionum et declarationum de rebus fidei et morum*. Barcelona, Herder, ³⁴1967, 301s). Cf. também A. AMATO, *Gesù Il Signore. Saggio di cristologia*. Bologna, Dehoniane, 1999, 293-294.

[11] Cf. Patrologia Latina (PL 106, 23-50)

bispo de Paris¹². No Renascimento as dúvidas sobre a autenticidade foram retomadas e reformuladas por Lorenzo Valla († 1457)¹³ e Erasmo. Posteriormente, investigações sobre esta questão confirmaram as afirmações dos humanistas. Neste sentido, hoje, os estudos consagrados ao *corpus Dionysiacum*¹⁴ não questionam um dado universalmente admitido: os escritos atribuídos a Dionísio não pertencem a este autor. A crítica moderna estabeleceu que: a) Os escritos areopagíticos foram compostos entre 482 (data em que Zenão emanou o *Henotikón*) e o início do século VI¹⁵; b) o autor é de origem síria¹⁶; c) frequentou provavelmente a escola de Atenas sendo discípulo de Proclo (410-485 d. C.) e

---

[12] Cf. PL 106, 23-50.

[13] L. VALLA (em *Opera omnia* [Torino, Bottega d'Erasmo, 1962] I, 852) manifesta suas dúvidas ao comentar At 17 e as fundamenta nas seguintes considerações: caráter neoplatônico dos escritos dionisianos, silêncio de Eusébio e de S. Jerônimo sobre estas obras, difusão das mesmas somente a partir do século VI.

[14] Entre outros, cf. especialmente Y. DE ANDIA, *Henosis. L'union à Dieu chez Denys l'Aréopagite*. Leiden, Brill, 1996, 1, nota 1; J. RICO PAVÉS, *Semejanza a Dios y divinización en el "corpus Dionysiacum": platonismo y cristianismo en Dionisio el Areopagita*. Toledo, Estudio Teológico San Ildefonso, 2001.

[15] O Concílio de Calcedônia (451) condenou a doutrina de Eutiques sobre a "mistura" em Cristo do divino e do humano, qualificando a união na única Pessoa de Cristo da natureza humana e da divina com os adjetivos *asýnkhytos* (*sem confusão*), *átreptos* (*sem mudança*), *adiaíretos* (*sem divisão*), *akhóristos* (*sem separação*), adjetivos presentes também na cristologia dionisiana; o *corpus*, portanto, deve ser posterior a Calcedônia. Em EH III, III, 436 C, o autor alude ao Credo como parte da Missa; a introdução da profissão de fé na Eucaristia deve-se ao Patriarca de Antioquia, o monofisita Pedro Fulón em 476; o *corpus* não pode ser anterior a esta data (cf. R. ROQUES, *L'univers Dionysien. Structure hiérarchique du monde selon le Pseudo-Denys*. Paris, Aubier, 1954, 264-265). Em 482, Zenão redigiu o *henotikón*, em que proibia o uso de expressões como "duas naturezas" ou "uma natureza" referidas a Cristo; tais fórmulas não estão presentes no *corpus*, razão pela qual deve ter sido escrito depois desta data. Para o significado da fórmula de Calcedônia, cf. A. AMATO, *Gesù Il Signore...*, 285-310.

[16] Em EH V, II, 509 A-509 C, Dionísio descreve a ordenação do bispo, do presbítero e do diácono de forma assaz semelhante àquela que se encontra no *De ordinationibus* da liturgia siríaca editada e traduzida pelo Patriarca de Antioquia, Inácio Efrem II Rahmani.

de Damáscio, último dirigente da mesma até seu fechamento no ano 529 por parte de Justiniano[17].

Portanto, diante da impossibilidade de saber quem escreveu o *corpus*, é preciso respeitar o anonimato e considerar a ânsia erudita de identificação do detalhe como algo secundário na contribuição de nosso autor. Como bem observou Ysabel De Andia, a obra de Dionísio situa-se entre dois acontecimentos: o discurso de S. Paulo no Areópago e fechamento da Escola de Atenas (529). O livro *Atos dos apóstolos* descreve o primeiro encontro do evangelho com a sabedoria grega. O "Deus desconhecido" que o Apóstolo apresenta se converte em motivo de zombaria quando ele fala de morte e ressurreição. A cruz de Cristo se revela como loucura para a segura razão grega. Dionísio deixa penetrar a força deste novo *lógos* e adere à pregação de São Paulo. Cinco séculos mais tarde, a Academia, berço da filosofia, é extinta por ordem imperial. O autor do *corpus*, sequaz como o primeiro Dionísio, do Apóstolo Paulo, sente-se devedor do pensamento grego e amigo do Areópago, mas sobretudo um enamorado de Cristo crucificado: ele também deixou-se possuir pela força do *lógos* divino e reconheceu sinais de sua presença no *lógos* humano do pensamento neoplatônico. Por que não pensar que, ao ver o fim da Academia, quisesse recolher a herança da filosofia grega no cristianismo? Não seria mais justo falar, antes, de um *neo*-Dionísio Areopagita do que de um *pseudo*-Dionísio Areopagita?[18]

---

[17] Em DN II, 648 B, Dionísio atribui a seu mestre Hieroteu uma obra intitulada *Elementos de Teologia*. Tal é o título de uma conhecida obra de Proclo. Hieroteu não seria outro personagem senão o próprio Proclo (cf. S. LILLA, *Introduzione allo studio...*, 535-536).

[18] Cf. Y. DE ANDIA, *La filosofía y la teología en Dionísio el Areopagita*, in RAMOS-LISSÓN, D.; MERINO, M. & VICIANO, A. (ed.) *El diálogo fe-cultura en la Antiguedad cristiana*. Pamplona, Servicio de Publicaciones de la Universidad de Navarra-Eunate, 1996, 77-96.

2. A doutrina, o método teológico e a história dos efeitos do texto

Sob uma visão de conjunto, o *corpus Dionysiacum* pode ser considerado um tratado tanto de ascensão para Deus – da *Hierarquia eclesiástica*[19] se sobe à *Hierarquia celeste*[20], para atingir, em seguida, o *Dos nomes divinos*, isto é, os inteligíveis, e, por fim, passar à *Teologia mística*, isto é, à obscuridade e à inefabilidade da Natureza de Deus – como de descida de Deus em direção ao criado (percorrendo obviamente uma leitura inversa do *corpus*)[21].

Segundo Salvatore Lilla, quatro são os motivos basilares que Dionísio assume do neoplatonismo tardio: 1°) A distinção, no seio da Divindade, dos três momentos: da *moné*, da *próodos* e da *epistrophé*; 2°) O emprego, na pesquisa teológica, dos métodos "positivo" e "negativo"; 3°) A adoção não somente da exegese do Parmênides platônico, característica de Siriano de Alexandria e de Proclo[22], mas também daquela que se encontra no fragmento anônimo do *Comentário ao Parmênides*, que Pierre Hadot atribui a Porfírio de Tiro[23]; 4°) A dependência do

---

[19] Na *Hierarquia eclesiástica*, Dionísio se propõe explicar o significado do agir de Deus entre os homens. O escopo consiste em reconduzir os homens à unidade, levando-os à comunhão com Deus, à assimilação a Deus e à deificação. As funções da *Hierarquia eclesiástica* comportam "uma ciência, uma operação e uma perfeição que conduzem a Deus, que pertencem a Deus e que são obra de Deus" (EH I 1, 372 A-372 B).

[20] Na concepção dionisiana, o mundo é estruturado em diversos graus de existência, estreitamente interligados uns aos outros, razão pela qual os graus inferiores são imagens daqueles superiores. Abaixo do mundo humano, que constitui a Igreja, estão o mundo animal, vegetal e inanimado; acima, entre o homem e Deus, está o mundo angélico, do qual o mundo é justamente a imagem. Este mundo angélico constitui a *hierarquia celeste*.

[21] Cf. A. FYRIGOS, *Filosofia Patristica e Bizantina. Dalle origini dell'era cristiana alle lotte iconoclastiche*. Roma, PUG, 1995, 95-101.

[22] Cf. a obra fundamental de E. CORSINI, *Il trattato* De divinis nominibus *dello Pseudo-Dionigi e i commenti neoplatonici al Parmenide*. Torino, Giappichelli, 1962.

[23] Cf. PORFÍRIO, *Commentario al "Parmenide" di Platone. Saggio introduttivo, testo con apparati critici e note di commento* a cura di P. HADOT. Milano, Vita e Pensiero, 1993.

verdadeiro significado das negações da lei de Proclo acerca da "excelência"²⁴.

Os aspectos doutrinários mencionados serão explicitados nas páginas que se seguem sob os seguintes tópicos: 2.1. *Moné, próodos* e *epistrophé*; 2.2. Métodos ou funções teológicos; 2.3. Neoplatonismo tardio e Dionísio; 2.4. A doutrina do mal (DN IV, 18-35); 2.5. Dionísio e o Ocidente.

2.1. *Moné, próodos* e *epistrophé*

Na obra de Dionísio, os termos *moné, próodos* e *epistrophé* configuram uma doutrina fundamental de seu pensamento teológico. A *moné* concerne a "morada" de Deus, o "lugar" de sua permanência, a sua transcendência mais absoluta, a inexistência de toda possibilidade por parte da mente humana de poder de algum modo atingi-Lo. Segundo S. Lilla, os motivos mais característicos da doutrina de Dionísio acerca da transcendência divina são os seguintes: 1) Deus é privado de forma e revela-se como intocável; 2) é superior a todos os seres; 3) não é conforme a nenhum ser; 4) é superior ao ser; 5) é um não-ser; 6) é superior à inteligência metafísica; 7) é superior ao pensamento e ao conhecimento e, portanto, é ausência de pensamento e absolutamente incognoscível; o conhecimento que d'Ele podemos ter é uma só coisa com a ignorância; 8) é superior à palavra e, portanto, é inefável, privado de nomes e superior a todo nome; 9) é superior a todo estado (incluindo os de repouso e de movimento), a toda afirmação e negação; 10) é superior à infinidade e ao limite; 11) é ao mesmo tempo idêntico à infinidade em um tríplice sentido: porque reúne em si mesmo tudo potencialmente, porque é provido de um número infinito de potências criadoras e porque é desconhecido; e 12) é superior ao tempo e à eternidade²⁵.

Não obstante esta absoluta transcendência designada pela sua *moné*, Deus se manifesta ao homem, e revela ao homem alguma coisa de

---

[24] Cf. S. LILLA, *L'oriente greco: dai cappadoci allo Pseudo-Dionigi L'Areopagita*, in DAL COVOLO, E. (a cura di), *Storia della teologia* 1: *Dalle origini a Bernardo di Chiaravalle*. Bologna, Dehoniane, 1995, 321-331.

[25] Cf. S. LILLA, *Introduzione allo studio*..., 547

si mesmo. Este manifestar-se de Deus é expresso com o termo *próodos* (transmissão, emanação). É a partir da Bondade de Deus, isto é, da absoluta *moné* de Deus, que se chega à sua *próodos*, e é por meio dela que Ele, sem necessidade alguma, "transborda" de si, concedendo o ser a outros, sem que Ele mesmo sofra diminuição ou aperfeiçoamento.

Deus revela sua divindade, antes de tudo, aos anjos (cf. *Hierarquia celeste*): aos Serafins, Querubins e Tronos (que formam a primeira tríade da "hierarquia" angélica); em seguida, às Dominações, Potências e Potestades (que constituem a segunda tríade) e, por fim,

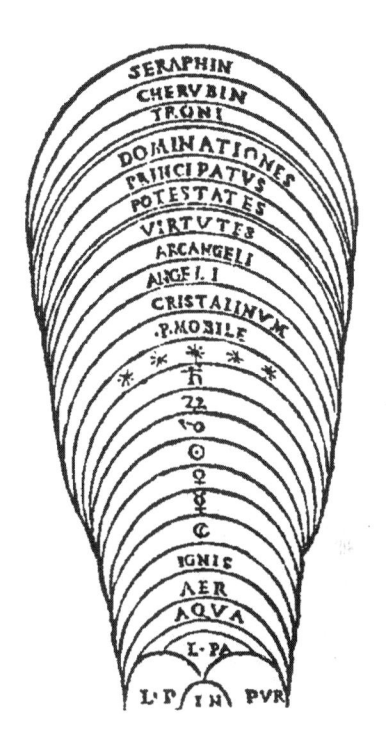

Esquema da hierarquia celeste

aos Principados, Arcanjos e Anjos, que formam a tríade mais "inferior" da hierarquia. A principal função das ordens angélicas mais altas consiste em receber diretamente de Deus as iluminações e reverberá-las, portanto, sobre as ordens inferiores; do mesmo modo, a tarefa da ordem imediatamente mais inferior da hierarquia celeste (os anjos) consiste em transmitir ao homem as iluminações recebidas.

A *próodos* (transmissão) das iluminações de Deus sucede mediante iniciação: da essência/não-essência mais alta (Deus), são gradualmente (e em conformidade à sua natureza) iniciados em seu conhecimento os seres sempre mais inferiores. A ordem mais inferior dos Anjos, portanto, transmite aos seres humanos as iluminações divinas, iniciando a ordem mais alta da Hierarquia eclesiástica terrena (considerada à imagem daquela Angélica, cf. *Hierarquia eclesiástica*), que também se dispõe em três graus: bispos, sacerdotes e clérigos. Os clérigos (ministros ou diáconos), têm, por sua vez, a tarefa de iniciar a comunidade dos fiéis: a celebração da Santa Liturgia é também uma representação desta iniciação.

Por fim, a *epistrophé* representa o pressuposto do retorno dos seres ao princípio originário e, portanto, da união da alma humana com Deus. A causa, pois, da *epistrophé* é o primeiro princípio: manifestando-se em sua *próodos* como amor, belo absoluto e objeto de desejo, Deus chama a si mesmo todos os seres e tende a reuni-los:

> "Os autores sagrados, na verdade, dizem que Deus, em si mesmo e em sua total transcendência, não é semelhante a nada, e que, entretanto, a mesma semelhança divina se difunde sobre aqueles que se voltam para ela mediante a imitação, na medida de suas forças, das propriedades divinas que estão acima de toda definição e razão; e a virtude da semelhança divina consiste em conduzir ao seu Autor todas as coisas produzidas"[26].

A *epistrophé* culmina na contemplação ou visão (*theoría*) das realidades ultra-sensíveis, o que pressupõe a purificação, a iluminação e a ascensão a um estado superior de perfeição. As ordens angélicas mais próximas de Deus têm uma perfeição mais alta (mais plena e imediata); à medida que se desce em direção aos seres inferiores, esta contemplação se enfraquece. Entre os homens, o mais contemplativo, segundo Dionísio, é o profeta Isaías. Todavia, "esta contemplação não diz respeito à *moné* de Deus", mas às suas emanações (potências ou *dynámeis*). Uma vez consciente de que a *moné* transcende toda transcendência, a mente humana pode aproximar-se dela mediante o procedimento apofático, isto é, dizendo aquilo que a *moné* não é. O ponto terminal deste método é o conhecimento mediante a ignorância: "Deus é conhecido através da ignorância" (DN VII, 3); "A ignorância total superior é o conhecimento do princípio superior a todas as coisas sensíveis" (EP I, *Patrologia Grega* 3, 1065 A13-B2).

A absoluta ignorância imerge a mente humana na treva: se Isaías é o emblema da mente "contemplativa", Moisés torna-se o símbolo da inteligência que procura penetrar nos segredos mais íntimos e recônditos da

---

[26] DN IX, 913 C.

divindade transcendente. O estado de absoluta ignorância, no qual se encontra a mente humana no término do "processo negativo", não representa, porém, o momento final do processo cognoscitivo e da ascensão mística: além e acima deste processo, encontra-se um estado suprarracional, representado pela união total (*hénosis*) da mente com a *moné* divina.

Quanto ao termo *hénosis* na obra de Dionísio, existem três significados possíveis[27]:

1°) No sentido original do termo, a *hénosis* é uma unificação dos seres emanados, consequência da redução da pluralidade à unidade no movimento da conversão: "Deus reúne todas as coisas em uma união não confusa" (DN XI, 949 C).

2°) O segundo sentido concerne à união com Deus, união esta que todo ser emanado efetua com Deus na conversão. Como este princípio é um enunciado geral, este retorno a Deus não é ainda especificamente o da teurgia ou da teologia, mas somente uma primeira consequência da operação do Bem: "Ele une tudo a si mesmo" (DN XI, 2).

3°) Finalmente, um terceiro sentido de *hénosis* se impõe: a unidade que imita a unidade transcendente de Deus por uma participação na forma do Uno e, em nós, é o resultado da unificação de uma pluralidade. Sem prova absoluta, nós cremos perceber este sentido em um enunciado da introdução onde Dionísio apresenta suas doutrinas de uma maneira assaz velada:

> "Assim, vemos que, quase em cada livro da Sagrada Escritura, a tearquia é celebrada santamente como mônada e unidade por causa da simplicidade e da unidade de sua indivisibilidade sublime, que nos unifica como uma virtude que tem tal poder de unificação e, já que as nossas diversidades divisíveis são complicadas de uma maneira que não é deste mundo, nos conduz juntos para a mônada divina e para a unificação que tem a Deus mesmo como modelo"[28].

---

[27] Y. DE ANDIA, *Henosis. L'union à Dieu chez Denys l'Aréopagite*, 23.

[28] DN I, 589 D-592 B.

Os aspectos mais característicos desta *hénosis* são os seguintes: 1) o ingresso em Deus, no qual se realiza a *hénosis* suprema; 2) a cessação, o apaziguamento e a superação de toda atividade noética; 3) o motivo de efusão da luz, que sucede à treva precedente, a expressão da ignorância; 4) a *via eminentiae*, que se segue ao processo negativo; 5) a total realização da "semelhança com Deus", baseada na "deificação" e na "redução à unidade"; 6) a perda da própria identidade por parte da mente, e a sua total identificação com o primeiro princípio, no qual ela termina por dissolver-se. Em resumo, a *epistrophé* segue as seguintes etapas da ascese mística: purificação → iluminação → perfeição (antecâmara da contemplação) → contemplação da *próodos* divina → superação da contemplação e imersão na ignorância → união (*hénosis*).

2.2. Métodos ou funções teológicas

É comum admitir no *corpus Dionysiacum* uma implicação de métodos[29]. Ao longo dos tratados, a *theología* de Dionísio articula-se segundo quatro métodos ou funções teológicas, que têm implicações mútuas e estão presentes na ordem ascendente, da menor à maior aproximação do conhecimento de Deus, como modos de fazer teologia: as teologias simbólica, afirmativa, negativa e mística. Os princípios de uma elaboração teológica se encontram na EP IX:

> "É dupla a tradição dos autores sagrados (*theológoi*): de um lado, secreta e oculta; de outro, evidente e mais facilmente cognoscível. A primeira se serve dos símbolos e concerne aos mistérios; a segunda é filosófica e demonstrativa. Acrescentemos que o inexprimível se entrecruza com o exprimível"[30].

---

[29] R. ROQUES fala de métodos, (no plural) ou de funções teológicas presentes na obra de Dionísio, utilizando indiferentemente ambas as expressões: cf. *Structures théologiques. De la gnose à Richard de Saint-Victor. Essais et analyses critiques*. Paris, PUF, 1962, 135-150.

[30] EP IX, 1105 C-D

Este texto define assim duas orientações gerais que conduzem ao conhecimento de Deus: a iniciação simbólica e a demonstração filosófica. É preciso observar aqui que o conhecimento demonstrativo e filosófico está colocado em paralelo com o método simbólico-místico da iniciação, e não em oposição a este. Ao contrário, o método demonstrativo deve estar inserido no coração da revelação transcendente. Na verdade, mais precisos que a EP IX, os tratados apresentam quatro funções ou métodos teológicos, necessários e mutuamente dependentes, a serviço do conhecimento de Deus. É o que agora passamos a examinar.

2.2.1. Teologia simbólica[31]

Ao nível sensível, situa-se a teologia simbólica; tal como é apresentada na obra *Teologia mística*, ela aborda metonímias do sensível ao divino. Esta teologia comporta já uma dialética de afirmação e de negação, pois a imagem, quaisquer que sejam sua beleza ou seu alto valor de representação, deve sempre ser purificada (*anakathairesthai khré*) em favor da transcendência, ultrapassando assim a materialidade dos símbolos e o sentido limitado que lhe poderia conferir a inteligência humana. O conhecimento que se obtém dos símbolos é ao mesmo tempo uma afirmação e uma negação: todo símbolo encerra uma semelhança com a Presença que esconde – pela qual "posso afirmar" –, e uma dessemelhança com Ela – pela qual "devo negar". Trata-se do papel da anagogia ou da exegese espiritual, que, "longe de permitir à nossa inteligência contentar-se com símbolos impróprios, a incita a renegar as afecções materiais e a habitua santamente a elevar-se, através das coisas visíveis, às realidades que não são deste mundo"[32]. É assim que, segundo a mesma lógica, Dionísio prefere o símbolo dessemelhante ao semelhante, pois o dessemelhante comporta uma exigência de superação: "Eu penso que nenhum dos homens verdadeiramente inteligentes poderia negar

---

[31] Cf. A. LÉON, *Le langage symbolique chez Denys l'Aréopagite: une vie vers la connaissance de Dieu*. Romae, Pontificium Athenaeum Sanctae Crucis, 1997.

[32] CH II, 145 B.

que as semelhanças mais longínquas sejam mais aptas para elevar a nossa inteligência"[33].

Na Carta IX, tem-se um exemplo de "teologia simbólica", isto é, de uma linguagem pela qual, segundo a Sagrada Escritura, Deus se revela aos imperfeitos por meio de imagens materiais. Dionísio comenta o Banquete da Sabedoria, no *Livro dos provérbios* (9, 2-4): o "alimento sólido" que o "diviníssimo Paulo" distribui, não às crianças, mas aos "homens adultos que têm os sentidos exercitados no discernimento do bem e do mal" (Hb 5, 14), simboliza "a perfeita identidade de um poder intelectivo permanente, graças ao qual [...] os mistérios divinos deixam neles participar os sentidos intelectuais". Dionísio reconhece, portanto, como Orígenes e Gregório de Nissa, a existência de "sentidos intelectuais":

"Quanto ao alimento líquido, ele simboliza esta onda superabundante que tem o cuidado de estender-se progressivamente a todos os seres, que, além disso, através dos objetos variados, múltiplos e divisíveis, conduz generosamente aqueles que alimenta, segundo suas aptidões próprias, ao conhecimento simples e constante de Deus"[34].

O alimento líquido – aqui o vinho da Sabedoria – simboliza a onda da *próodos-epistrophé*, que arrasta aquele que o recebe para a simplicidade mesma de Deus. A explicação é rigorosamente neoplatônica. Em resumo, o modo simbólico do pensamento dionisiano responde ao ponto de convergência em que, partindo do que saiu de Deus (símbolos contidos na Escritura e toda a realidade criada entendida como símbolo), nos elevamos pelo caminho de volta, negando aquilo mesmo sobre o qual nos apoiamos.

2.2.2. Teologia afirmativa ou catafática

Ao nível da inteligência, é preciso distinguir entre teologia afirmativa e teologia negativa, e esta distinção corresponde àquela que, ao nível sensível, opõe simbolismo semelhante e simbolismo dessemelhante.

---

[33] CH II, 141 A.   [34] EP IX, 1112 A.

"Se, portanto, as negações são verdadeiras em relação às coisas divinas, ao passo que as afirmações não convêm ao mistério das coisas arcanas, disto se segue que o método de descrever por meio de coisas dessemelhantes seja aquele mais conveniente às coisas invisíveis"[35].

O próprio Dionísio precisa a finalidade da teologia afirmativa: "Mas agora, reunindo dos sagrados ditos tudo aquilo que diz respeito ao nosso presente propósito, servindo-nos das coisas ditas como se fossem uma regra e nelas fixando os olhos, passemos à explicação dos nomes divinos inteligíveis"[36]. No âmbito de um "trabalho discursivo", ele quer demonstrar por que Deus é nomeado Bem, Ser, Vida, Sabedoria e pelos demais nomes inteligíveis de Deus. Esses nomes se referem a Deus como à causa e paradigma eminente. Tal teologia afirma de Deus, primeiramente, os nomes mais nobres como sendo os mais universais e os mais próximos de sua causa[37]; em seguida, os nomes inteligíveis, na ordem decrescente de dignidade[38]. O procedimento da teologia afirmativa situa-se na ordem da processão (*próodos*), que é descendente. É o que diz o próprio Dionísio sobre a função afirmativa: "Aí o nosso discurso, descendo do superior para o inferior, ia ganhando uma extensão proporcional à medida de sua descida"[39].

Mas esse método encontrará também as mesmas dificuldades que o simbolismo semelhante. Como poderia ser diferente, visto que a inteligência não pode dar conta de Deus, que não é nem Bondade, nem Ser, nem Vida?

"Por essa razão, Deus é conhecido em todos os seres e separadamente de todos: Deus é conhecido tanto mediante a ciência como através da

---

[35] CH II, 141 A.   [36] DN I, 597 B.

[37] DN VII, 869 D-872 A. Em uma perspectiva complementar, ver também MT III, 1033 B-D. Esta última passagem estabelece que a teologia afirmativa segue um movimento descendente, da ordem da processão, e a teologia negativa um movimento ascendente, da ordem da conversão.

[38] É exatamente a ordem adotada no tratado *Dos nomes divinos*.

[39] MT III, 1033 C.

ignorância, e a Ele pertencem o pensamento, a razão, a ciência, o tato, o sentido, a opinião, a representação, o nome etc [...] e não é concebido, nem dito, nem nomeado"[40].

Assim, a afirmação deverá ser compensada, corrigida, da mesma maneira que o simbolismo dessemelhante retificou o simbolismo semelhante. Será essa precisamente a função da teologia negativa.

2.2.3. Teologia negativa ou apofática[41]

Se a teologia afirmativa prescreve os atributos de Deus (Deus é o Bem, o Ser, a Beleza, a Vida, o Saber etc.), a teologia negativa, consequentemente, nega esses mesmos atributos: Deus não é o Bem, nem o Ser, nem a Beleza, nem a Vida, nem o Saber etc.). Todavia, longe de incorrer em aberta contradição, os métodos catafático e apofático possuem um papel correlativo. Mas em que sentido? É evidente que não se trata simplesmente de negar o que antes tinha sido afirmado de Deus, mas, sim, de uma clara e "racional" percepção de que Deus transcende infinitamente as possibilidades do conhecimento humano. O método negativo, ao contrário do afirmativo, é ascendente, e as negações se elevam dos atributos mais humildes aos mais nobres: "pois quanto mais nos elevamos ao alto, tanto mais as palavras se contraem ao divisar e contemplar os seres inteligíveis"[42].

Na realidade, a negação dionisiana é peculiar: trata-se de uma negação não privativa, mas de excelência, de superação, de superabundância, de transcendência – *kath hyperokhén, hypérokhos*[43]. Assim entendida, a teologia negativa é um método de "superafirmação", ela é um além

---

[40] DN VII, 872 A.

[41] Cf. F. PIO DE A. FLECK, *A função da negação na via remotionis*, in DE BONI, L. A. (org.) *Lógica e Linguagem na Idade Média*. Porto Alegre, Edipucrs, 1995, 47-54

[42] MT III, 1033 B-D. É preciso notar que a teologia negativa (apofática) abre o caminho para a teologia mística, de sorte que é difícil distinguir materialmente onde uma termina e a outra começa.

[43] DN VII, 869 A.

categorial, uma espécie de *kátharsis* (purificação) de nossos conceitos humanos. É preciso entendê-la no sentido de uma afirmação trans-humana, pois seu objeto escapa a todas as nossas categorias, a todas as nossas afirmações e a todas as nossas negações[44]. A afirmação só valerá na medida em que for penetrada pela preferível negação[45], que orienta diretamente para o Inefável.

Assim, por exemplo, segundo DN IV, 697 A, o próprio Bem é ao mesmo tempo privado dos atributos de ser ou substância (*ousía*), de vida (*zoé*) e de sabedoria (*sophía*); Ele é "sem substância" (*tò anoúsion*), "sem vida" (*ázoon*) e "sem inteligência" (*tò ánoun*) e possui uma "superabundância de substância" (*hyperbolé ousías*), uma "vida superior" (*hyperékhousa zoé*) e uma "sabedoria transbordante" (*hyperaírousa sophía*). As categorias fundamentais de Ser, Vida e Sabedoria são negadas de Deus ou do Bem, porque Ele as possui de uma maneira supereminente (*hypérokhos*). Só os atributos divinos tomados por α (alfa privativo) ou por *hypér* traduzem o movimento de abstração de tudo e de superação de tudo que caracteriza a predicação do Bem que é verdadeiramente supersubstancial (*óntos hyperoúsios*).

À luz dos textos de Dionísio, Christos Yannaras[46] sustenta que o apofatismo oriental grego é diverso do apofatismo ocidental latino, na medida em que o primeiro concerne à pessoa de Deus – portanto, fala-se de um apofatismo "pessoal" –, ao passo que o segundo diz respeito à essência de Deus – portanto, fala-se de um apofatismo "essencial".

Por apofatismo da essência entende-se a capacidade noética individual como veículo para chegar ao conhecimento dos existentes. Assim, eu conheço os existentes enquanto entidades concretas, determinadas

---

[44] Cf. MT V, 1048 B. [45] Cf. DN I, 593 A-C.

[46] Cf. Chr. YANNARAS, *Heidegger e Dionigi Areopagita. Assenza e ignoranza di Dio*. Roma, Città Nuova, 1995. A tradução desta obra do grego para o italiano foi feita por A. Fyrigos e se baseou na reelaboração do próprio autor de sua obra publicada em 1967 (*He theología tês apousías kaì tês agnosías toû theoû*. Atenas, 1967) e reeditada vinte anos depois com modificações substanciais em 1988 com o seguinte título: *Cháinteger kaì Aeropagítes* [*Heidegger e o Areopagita*], Atenas, 1988.

pelo *lógos* da sua *ousía*, isto é, tais como eu os concebo racionalmente. Quando se trata de uma *ousía* incriada, transcendental e sobrenatural, admito compreender a existência de uma tal *ousía*, mas não conheço a sua realidade. Partindo de Dionísio, o pensamento filosófico-teológico ocidental estabeleceu três vias de possibilidade analógica do conhecimento de Deus: a *via affirmationis*, a *via negationis* e a *via eminentiae*.

O apofatismo da pessoa, ao contrário, parte da constatação de que "minha existência" e "meu conhecimento" são fatos consequentes às "relações pessoais". Enquanto tal, a relação não se esgota com uma fórmula noética, mas pressupõe um envolvimento existencial total, do qual participam as mais diversas capacidades humanas, não somente intelectivas. O primeiro impacto dessa relação é a individuação do modo de existência do "outro". Disto deriva que a definição racional da *ousía* do outro é consequente e não antecedente à individuação da diversidade do existente "outro", por mim conhecida através da relação. Nenhuma definição noética ou linguística pode esgotar a imediaticidade e totalidade da relação pessoal imediata.

Em consequência, se Deus é existente, Ele é por mim conhecido como hipóstase na imediaticidade da relação, e não como *ousía* através da sua definição racional. Ora, visto que nenhum discurso pode esgotar o conhecimento imediato pessoal consequente à relação entre mim e Deus, esta relação pessoal é impossível de ser expressa ou definida. A fé, que é a primeira experiência pessoal da relação entre mim e Deus, ao instaurar-se por vontade e iniciativa de Deus e com o consenso do homem, permanece incomunicável no sentido mais estrito do termo, pois não pode esgotar-se através de discurso algum.

Portanto, o apofatismo pessoal recusa a possibilidade da formulação de uma verdade "objetiva": em outras palavras, nenhuma definição consegue "conter" e "expressar" a verdade da experiência direta e pessoal que eu tenho de Deus, o que não implica uma renúncia à racionalidade, pois as normas racionais de gnosiologia são admitidas como meios que podem conduzir à possibilidade de um conhecimento; e é este caráter de possibilidade de conhecimento que nega toda "catafaticidade".

Sendo assim, como é possível ter um conhecimento de Deus, uma vez que Ele não é um ente noético, nem sensível nem qualquer coisa daquilo que são os entes deste mundo? É preciso asseverar que nós não podemos ter um conhecimento da natureza de Deus, que nos é desconhecida e está acima de toda intuição e definição (*lógos*). É o que deixam entrever os dizeres de Dionísio:

> "Não é, portanto, verdade dizer que conhecemos a Deus não pela sua natureza, enquanto não é cognoscível e supera toda razão e inteligência, mas pela ordem de todos os seres, enquanto proposta por Ele, que contém algumas imagens e semelhanças de seus exemplares divinos, segundo as nossas forças, ascendendo ordenadamente em direção Àquele que supera todas as coisas na privação e na excelência e na causa de todas as coisas?"[47].

Segundo os textos mencionados, podemos afirmar o seguinte: não conhecemos a *ousía* de Deus, que é de todo incognoscível; não é possível, portanto, reconhecer aquilo que em Deus é semelhante aos outros seres; permanece em aberto assim o discurso concernente ao dessemelhante. É cognoscível somente um aspecto da operação criadora de Deus, não os entes enquanto tais, nem a definição dos entes, mas o modo (*trópos*) da existência dos entes. O modo de existência dos entes reconduz aos paradigmas divinos de maneira icônica. Trata-se de uma relação que diz respeito, não mais à definição da divina *ousía*, mas à representação da diversidade das propriedades pessoais de Deus; o aspecto icônico do discurso sobre o divino pode ser expresso através de um "suavíssimo amalgamar-se" (cf. João Damasceno: *glykytáte synápheia*) de contrários: com o uso simultâneo da afirmação e da negação é possível representar de modo analógico Aquele que está acima de toda afirmação e de toda negação. A semântica, que deriva deste tipo de junção, não é um conceito (ou noção, ou expressão, ou afirmação, ou negação), mas simplesmente um ícone; e enquanto tal, o discurso sobre

---

[47] DN VII, 869 C-872 A.

o divino, analógico-icônico, renuncia ao discurso metódico-racional e, daí, conduz à independência de toda afirmação e negação.

2.2.4. Teologia mística[48]

Como bem observou Henrique C. de Lima Vaz, a introdução da obra de Dionísio no Ocidente, a partir do século IX, "acabou por fixar definitivamente a estrutura conceptual e a terminologia da mística especulativa cristã"[49]. Segundo assevera o próprio Dionísio, a teologia mística é "um conhecimento diviníssimo de Deus, aquele que se obtém mediante a ignorância, segundo a união superior à inteligência"[50]. Portanto, esta forma de teologia trata da questão do conhecimento do Inefável, ou seja, da impossibilidade de pensarmos e dizermos como é a essência (natureza) de Deus, pois ela transcende o universo das coisas. A teologia mística situada acima da inteligência e a teologia negativa estão estreitamente associadas, mas ambas se distinguem na medida em que a teologia mística, diferentemente do método negativo, não é uma abordagem dialética, mas uma experiência vivida (*páskhein tà theîa*)[51], a unificação perfeita acima do tempo e do espaço. É assim que devemos compreender a metáfora da treva (*gnóphos*) e o conceito da ignorância (*agnosía*). A inteligência arrebatada constituirá o estado teopático em que o místico experimenta a Deus, produzindo assim uma simpatia com a realidade

---

[48] Sobre a Teologia mística de Dionísio, cf. H. ALTESOR, *Dionísio. El místico*. Buenos Aires, Corregidor, 2000; J. B. DA COSTA, *A Teologia mística do Pseudo-Dionísio*, in BAUCHWITZ, O. F. (ed.); *O neoplatonismo*. Natal, Argos Editora, 2001, 47-55. Para o influxo de Dionísio na mística e teologia posteriores, cf. F. A. PASTOR, *A lógica do inefável*. São Paulo, Loyola, 1986; A. DE LIBERA, *Eckhart, Suso, Tauler ou la divinisation de l'homme*. Paris, Bayard, 1996; I. EUGENIO MARIA, *Contemplación filosófica y contemplación mística. Desde las grandes autoridades del siglo XIII a Dionísio Cartujano (s. XV)*. Buenos Aires, Editorial de la Universidad Católica Argentina, 2002.

[49] H. C. DE LIMA VAZ, *Experiência mística e filosofia na tradição ocidental*. São Paulo, Loyola, 2000, 36-37.

[50] DN VII, 872 A-B.   [51] DN II, 648 B.

conhecida, obtendo de Deus, por conseguinte, não somente um saber, mas uma experiência vivida[52].

A teologia mística se situa, portanto, acima das outras funções teológicas, onde o silêncio é plenitude e eloquência. Observemos que a orientação fundamental do pensamento sempre se norteia em direção ao cume, ao inefável e ao transcendente. O procedimento é essencialmente anagógico no sentido de que convida a abandonar as representações sensíveis para elevar-se em direção à unidade e à divinização (*hénosis* e *théosis*):

> "E novamente há um conhecimento diviníssimo de Deus, aquele que se obtém mediante a ignorância, segundo a união superior à inteligência, quando a inteligência, afastando-se de todas as coisas que existem e, em seguida, também abandonando a si mesma, se une aos raios de clareza superior e, graças a esses raios, é iluminada com a imperscrutável profundidade da sabedoria"[53].

Dionísio foi chamado "pai da mística", título reservado também a Orígenes e a Gregório de Nissa. Em relação ao que acabamos de afirmar, a primeira dificuldade consiste em saber o que se entende por mística. No cristianismo, a mística é o conhecimento do mistério[54], no sentido paulino do termo, segundo o qual o grande mistério é Jesus Cristo, oculto desde sempre e somente revelado pelos Apóstolos (1 Cor 2, 6-16; Ef 3; Cl 1, 26-29). O conhecimento deste "mistério" na Igreja antiga se fazia pelos sacramentos. O adjetivo *mystikós* é utilizado, primeiramente na Escritura[55] – em Orígenes, o sentido espiritual das Escrituras é o sentido místico – e na liturgia ou na celebração dos santos mistérios em que se fala da ceia mística. A mística cristã está associada aos sacramentos (aspecto objetivo) e à experiência mística (aspecto subjetivo). Portanto, Jesus

---

[52] Cf. DN II, 648 B.

[53] DN VII, 872 A-B.

[54] Cf. L. BOUYER, *Mysterion. Du mystère à la mystique*. Paris, O. E. I. L., 1986.

[55] Cf. Tb 12, 7. 11; Jt 2, 2; 2Mc 13, 21; Eclo 22, 22; 27, 16. 21; Dn 2, 28. 29. 47.

Cristo tornou-se presente no tempo pela Igreja através da palavra, dos sinais sacramentais, das celebrações litúrgicas e da prática dos cristãos. Houve assim uma evolução do termo "mística" passando do sentido objetivo ao sentido subjetivo, concretizando-se com o advento da *devotio moderna*, cujos defensores rejeitavam as altas especulações teológicas dos escolásticos e a proposta da união transformante em Deus dos grandes escritores renanos e flamencos[56].

É a partir desta pré-compreensão da mística que Jean Vanneste e John Rist caracterizaram a mística de Dionísio como uma "mística natural"[57] e sua "experiência única" como uma "experiência de teor metafísico": a intuição profunda da transcendência e da incognoscibilidade de Deus. Segundo Vanneste, "a experiência do Pseudo-Areopagita na *Teologia Mística* e, por conseguinte, sua doutrina mística se ligam ao êxtase plotiniano"[58].

Mesmo reconhecendo o valor das obras citadas para o tema em questão, esses juízos pedem, porém, uma resposta. Antes de tudo, a maneira de colocar a questão da teologia mística merece ser examinada seriamente. Existem duas perspectivas para se estabelecer um juízo acerca da teologia mística de Dionísio: a primeira, teológica; a segunda, mística.

---

[56] É inequívoca a passagem do "mistério" à "mística", isto é, da celebração dos mistérios do Cristo na liturgia à contemplação desses mistérios na literatura monástica da Idade Média onde, a partir dos cistercienses, há uma nota de intimidade que é nova. É toda a passagem da teologia monástica beneditina, onde a liturgia e espiritualidade estão unidas, à *devotio moderna* onde elas estão dissociadas, que é o ponto em questão. Para uma fundamentação dessas afirmações, cf. as obras de G. PENCO, *Medioevo monastico*. Roma, Pont. Ateneo S. Anselmo, 1988; *Il monachesimo fra spiritualità e cultura*. Milano, Jaca Book, 1991; sobre a *devotio moderna*, cf. também D. De PABLO MAROTO, *Espiritualidad de la baja Edad Media (Siglos XIII-XV)*. Madrid, Editorial de Espiritualidad, 2000, 309-336.

[57] Cf. J. VANNESTE, *Le mystère de Dieu. Essai sur la structure rationnelle de la doctrine mystique du Pseudo-Denys l'Aréopagite*. Bruges, Desclée de Brouwer, 1959, 224 e 221; J. RIST, *Platonism and its Christian heritage*. London, Variorum Reprints, 1985.

[58] Cf. J. VANNESTE, *Le mystère de Dieu...*, 223. A tese de J. Vanneste se baseia na redução do êxtase dionisiano ao êxtase plotiniano.

Numa perspectiva teológica, pode-se indagar, por exemplo, se a doutrina cristológica de Dionísio é monofisita ou trinitária; numa perspectiva mística, pode-se indagar, por exemplo, como distingue entre as experiências místicas de Paulo e Moisés, entre o êxtase e a união. De resto, é verdade que Dionísio expõe a mística, não de modo pessoal, isto é, confessional, mas de modo teórico, por meio de conceitos e termos filosóficos; porém, o fato de ter teorizado a mística não impede que tenha experimentado o mistério[59].

Sem entrar no debate sobre a mística no século XX para aprofundar as duas vias nas quais a reflexão se norteou (teológica e psicológica)[60], basta afirmar o seguinte: a mística de Dionísio é uma mística que dá lugar ao mistério, no sentido de que Deus, paradoxalmente, se manifesta mas permanece oculto em sua própria manifestação. Ele é inapreensível, incompreensível, e a liturgia O celebra com uma litania de atributos negativos. Ele se manifesta nos sacramentos ou mistérios, mas a mistagogia, a instrução no mistério, conduz o iniciado em direção a Sua face oculta. A mistagogia não é, pois, a redução do mistério a uma explicação racional, mas uma introdução sempre mais profunda no mistério divino.

2.3. Neoplatonismo tardio[61] e Dionísio

Depois do estudo programático de Eugenio Corsini de 1962, não há quem duvide de que a doutrina dionisiana dependa de uma

---

[59] Cf. especialmente Y. DE ANDIA, *Henosis. L'union à Dieu chez Denys l'Aréopagite*, 450-453.

[60] Cf. J. MARÉCHAL, *Études sur la psychologie des mystiques*. 2vol. Paris, Desclée de Brouwer, 1937-1938; A. STOLZ, *Theologie der Mystik*. Regensburg, Pustet, 1936; V. LOSSKY, *Essai sur la théologie mystique de l'Église d'Orient*. Paris, Aubier-Montaigne, 1944; L. JORGE GONZÁLEZ, *Psicologia dei mistici. Sviluppo umano in pienezza*. Città del Vaticano, Libreria Editrice Vaticana, 2001.

[61] Hoje a historiografia filosófica distingue três modos de recepção e transformação do platonismo sob os termos "platonismo", "médio-platonismo" e "neoplatonismo". O neoplatonismo é o repensamento mais radical do platonismo, iniciado nos primeiros anos do século III d. C., na escola de Alexandria de Amônio Sacas, sistematicamente fundado na escola de Roma de Plotino e desenvolvido

terminologia claramente neoplatônica, sobretudo daquela dos neoplatônicos tardios, especialmente Jâmblico e Proclo[62]. Todavia, Dionísio soube transformar o neoplatonismo em vista de harmonizá-lo com o cristianismo, isto é, ele conseguiu superar os riscos e desvios que Orígenes, procurando adaptar o cristianismo ao sistema filosófico do seu tempo, não conseguira superar.

As principais diferenças entre o sistema dionisiano e o esquema neoplatônico podem ser resumidas nas seguintes proposições: 1) No neoplatonismo, o retorno ao Uno culmina na contemplação do próprio Uno; em Dionísio e no cristianismo, o retorno culmina na união com o Uno, isto é, com Deus. Em outras palavras, a *epistrophé* conduz a uma deificação ou divinização. 2) No neoplatonismo, a ascensão ao Uno sucede obrigatoriamente passando pelos intermediários; em Dionísio, as hierarquias são simplesmente simbólicas: o Uno inefável e inominável, isto é, Deus, não necessita de realidades intermediárias para manifestar a Si mesmo ou para agir sobre os homens, mas instaura sempre uma relação pessoal e, portanto, direta; Ele, que é o Uno, é ao mesmo tempo o Uno supremo e o Uno que é mais próximo do homem e das coisas; é igualmente assaz próximo e assaz distante de todos os homens e de todas as coisas. 3) Consequentemente, todas as processões são processões do único Bem originário, que outorga o ser, dá a vida e produz sabedoria. Isto se deve obviamente ao princípio de criação, que não é emanacionismo, e conduz à Providência de Deus, que assiste singularmente e continuamente todo ser singular.

---

posteriormente em diversas escolas e tendências até o século VI d. C.. Acerca do pensamento de Plotino, cf. W. BEIERWALTES, *Plotino. Un cammino di liberazione verso l'interiorità, lo spirito e l'uno*. Milano, Vita e Pensiero, 1993. Sobre o neoplatonismo tardio, Cf. H. -D. SAFFREY, *Recherches sur le néo-platonisme après Plotin*. Paris, Vrin, 1990.

[62] Cf. W. BEIERWALTES, *Pensare l'uno. Studi sulla filosofia neoplatonica e sulla storia dei suoi influssi*. Milano, Vita e Pensiero, ²1992; IDEM, *Proclo. I fondamenti della sua metafisica*. Milano, Vita e Pensiero, 1990; PROCLO, *I manuali. Elementi di Fisica, Elementi di Teologia, I testi magico-teurgici*. Marino DI NEAPOLI, *Vita di Proclo*. Traduzione, prefazioni, note e indici di C. FARAGGIANA DI SARZANA. Saggio introduttivo di G. REALE. Milano, Vita e Pensiero, 1985.

Esquematicamente, uma relação mais abrangente entre neoplatonismo e cristianismo teria o seguinte quadro:

	(NEO)PLATONISMO	CRISTIANISMO
1.	O cosmo irradia do Uno.	O cosmo deriva de Deus [do Bem]: criação.
2.	O cosmo é eterno.	O cosmo teve início.
3.	O cosmo irradia necessariamente do Uno. Pelo fato de que o Uno irradia uma primeira, uma segunda, uma última realidade; e pelo fato de que todas essas realidades existem depois do Uno e, portanto, são inferiores ao Uno, existe um primeiro bem inferior, um segundo bem inferior, ... um último bem inferior, que é o bem inferior por excelência, ou seja, o mal.	O cosmo é criado como é pela vontade e bondade de Deus.
4.	O cosmo visível é divino e se identifica com Deus.	O cosmo não é divino.
5.	O cosmo não podia ser diverso de como é e nem melhor.	Este mundo não é a melhor manifestação possível do Ser divino na multiplicidade; a sua forma deve desaparecer para dar lugar a uma nova terra e um novo céu.
6.	Os homens necessitam de intermediários para unir-se ao Uno. Nem todos contemplam o Uno, somente os filósofos.	Todo homem pode estar em relação direta com Deus.
7.	O afastamento do Uno e, portanto, a aproximação do pior, fazem que o mal se torna constitutivo do cosmo.	O corpo humano, por ser criatura de Deus, é um bem.
8.	O fim do homem é o abandono do corpo.	O fim do homem é a transfiguração e a redenção do ser criado.

2.4. A doutrina do mal (DN IV, 18-35)

Uma vez que todos os seres derivam do Bem e dele são partícipes, o mal em sentido absoluto – entendido como falta total de bem – não pode ser considerado um ser e, portanto, não pode subsistir, tampouco produzir outros seres[63]. O mal em sentido relativo deve ser concebido, ao contrário, como falta parcial, e não total, de bem, visto que qualquer ser, para poder existir, deve ser partícipe do bem ainda que em medida mínima.

O mal, portanto, não se encontra nos seres, que provêm do Bem, tampouco nos anjos; está presente nos demônios somente como ausência relativa do Bem; não está presente nem nos animais irracionais, nem na natureza, nem nos corpos, nem na matéria. Em resumo, coincidindo fundamentalmente com Orígenes, S. Gregório de Nissa e S. Agostinho, a ideia básica da doutrina de Dionísio é a seguinte: o mal absoluto não pode ter uma existência real; e o mal relativo pode ser concebido somente como ausência parcial de bem.

2.5. Dionísio e o Ocidente[64]

Em setembro de 827, os enviados do imperador bizantino, Miguel II (820-829 d.C.), levaram como presente a Luís o Piedoso um

---

[63] É interessante notar que na obra de Dionísio, o mal é expresso com lemas formados com o alfa privativo: *asymmetría* (ausência de simetria), *áskopon* (privado de escopo), *akallés* (privado de beleza), *ázoon* (privado de vida), *ánoun* (privado de inteligência), *álogon* (privado de logos), *atelés* (privado de cumprimento, de realização), *anídryton* (privado de fundamento, de consistência), *anaítion* (privado de causalidade), *ágonon* (privado de fecundidade, de frutuosidade), *adranés* (privado de utilidade, inoperante), *átakton* (privado de ordem), *anómoion* (privado de semelhança), *apeíron* (privado de forma, de limite) etc.

[64] Cf. sobretudo H. F. DONDAINE, *Le corpus Dionysien de l'Universitè de Paris au XIIIe siècle*. Rome, Ed. di Storia e Letteratura, 1953; B. FAES DE MOTTONI, *Il corpus Dionysianum nel Medioevo. Rassegna di studi: 1900-1972*. Brescia, Il Mulino, 1977; Y. DE ANDIA, (ed.) *Denys l'Aréopagite et sa postérité en Orient et en Occident*. Paris, Institut d'Études Augustiniennes, 1997.

manuscrito (o atual *Paris. Gr.* 437) que continha as obras de "Dionísio". Deste manuscrito foi feita em 827 uma primeira tradução para o latim por Hilduíno. Identificando "Dionísio" com o primeiro bispo de Atenas, Hilduíno, ao traduzir o texto grego, comete graves erros de interpretação, especialmente na tradução dos dificílimos lemas dionisianos.

Foi somente com João Escoto Erígena († 870) que se chegou a um conhecimento direto do *corpus Dionysiacum*. Conhecedor da língua grega, ele pôde estudar a obra de Dionísio e de muitos outros Padres gregos (Máximo o Confessor, Orígenes, Epifânio, Basílio, Gregório de Nissa, Gregório de Nazienzo, João Crisóstomo), dos quais sofreu forte influência. João Escoto Erígena leu tais obras porque pôde encontrá-las nos códices doados pelo Papa Nicolau I (757-767) ao imperador Pepino o Breve (751-768), e conservados na Escola palatina, e as traduziu nos anos 851-862 ca.. Tal empreendimento figura como um significativo ponto de fusão de tradições de pensamento que já tinham entrado em contato graças aos esforços de filósofos como Mário Vitorino, S. Agostinho, Dionísio e Boécio[65].

Nos anos 1248-1252, S. Alberto Magno expõe e, posteriormente, publica em Colônia o seu comentário sobre Dionísio[66], e S. Tomás de Aquino, enquanto segue as lições do mestre, redige seu *Comentário sobre*

---

[65] Sobre a conexão de João Escoto Erígena com o platonismo em geral e, especialmente, com o neoplatonismo de Proclo e de Dionísio, cf. especialmente S. GERSH, *From Iamblichus to Eriugena*. Leiden, Brill, 1978; W. BEIERWALTES, *Eriugena. I fondamenti del suo pensiero*. Milano, Vita e Pensiero, 1998; cf. também D. MORAN, *The philosophy of John Scottus Eriugena. A study of idealism in the Middle Ages*. Cambridge, Cambridge University Press, 1989.

[66] S. ALBERTO MAGNO, *Super Dionysium. De divinis nominibus* (primum edidit Paulus Simon). Monasterii Westfalorum, Aschendorff, 1972; *Super Dionysii mysticam theologiam et epistulas* (ed. Paulus Simon). Monasterii Westfalorum, Aschendorff, 1978 (tr. fr. *Commentaire de la* Théologie mystique *de Denys le Pseudo-Aréopagite, suivi celui des Épîtres I-IV*. Introduction, traduction, notes et index par Édouard-Henri WÉBER. Paris, Cerf, 1993); *Super Dionysium de ecclesiastica hierarchia* (edidit Maria Burger; commentariis a Paulo Simon et W. Kubel praeparatis). Monasterii Westfalorum, Aschendorff, 1999.

o Dos nomes divinos *do Bem-aventurado Dionísio*[67], publicado cerca de 1265-1266[68].

A influência de Dionísio no Ocidente, graças à tradução latina de suas obras e aos escritos de João Escoto Erígena, é um fato absolutamente determinante para a teologia e para a cultura ocidental em geral. Ele transmitiu à tradição uma forma de pensamento extremamente forte e paradoxal. De um lado, o termo último da vida humana é, acima de tudo, a união com o Uno. O Uno, por ser criador e estar além de todo conhecimento e de todo ser, nem por isso se subtrai à participação, o que dificulta a ideia da união, uma vez que esta não poderia ser concebida como supressão do criado e fusão no Uno. De outro lado, existe uma metodologia teológica extremamente racional, mediante a qual as palavras do "dizer" sempre inadequado de Deus são articuladas em sistemas – simbólico, metafísico e revelado –, enquanto o conjunto do real é organizado em hierarquias que obedecem a regras precisas de purificação, iluminação e perfeição. Emerge assim o esboço de uma "suma teológica", ora necessária, abrangente e racional, ora impotente na própria coerência para estabelecer a união desejada com Deus[69].

Mesmo que seja legítimo afirmar que, em razão do paradoxo enunciado, Dionísio tenha gerado uma forte corrente de mística espe-

---

[67] S. THOMAE AQUINATIS, *In librum Beati Dionysii* De divinis nominibus *expositio* (ed. C. PERA; P. CARAMELLO & C. MAZZANTINI). Taurini-Romae, Marietti, 1950.

[68] Sobre a influência da obra *Dos nomes divinos* em S. Tomás de Aquino, cf. G. -R. THIVIERGE, *Le commentaire des noms divins de Denys l'Aréopagite: l'occasion d'une rencontre entre platonisme et aristotélisme chez Thomas d'Aquin* (Pars dissertationis ad lauream). Roma, Pontifícia Studiorum Universitas a S. Thoma Aq. in Urbe, 1986; I. E. ANDEREGGEN, *La metafísica de Santo Tomas en la Exposición sobre el* De divinis nominibus *de Dionigi Areopagita*. Beunos Aires, EDUCA, 1988; F. O' ROURKE, *Pseudo-Dionysius and the Metaphysics of Aquinas*. Leiden-New York-Köln, Brill, 1992.

[69] Cf. G. LAFONT, *Modelli di teologia nella storia*, in FISICHELLA, R. ; POZZO, G. & LAFONT, G. *La teologia tra rivelazione e storia*. Bologna, Dehoniane, 1999, 332-336. 340-341.

culativa[70], a herança de seu pensamento, porém, não se reduz à teologia da experiência mística, mas se estende a vários campos, doutrinal e dogmático, social e artístico. De um lado, sua obra é um clamor perene de uma teologia que vai além da lógica e da história, abrindo o homem à Beleza eterna, à experiência de Deus, à celebração eucarística e à divinização. De outro, a presença de Dionísio na Igreja evitou a secularização interna da teologia em consequência do predomínio de Aristóteles.

II. ESTRUTURA E CONTEÚDO DO TRATADO *DOS NOMES DIVINOS*

O tratado *Dos nomes divinos* compõe-se de treze capítulos, que podem ser divididos em duas unidades: "Capítulos I-II": introdução geral à obra, e "Capítulos III-XIII": abordagem verdadeira e própria de *Dos nomes divinos*.

No "Capítulo I" o autor sustenta que à causa de tudo e à supersubstancial substância não convém nenhum nome e convêm todos os nomes (*anónymos* e *polyónymos*): nenhum nome, quando a divindade é considerada em si mesma, em sua mais absoluta transcendência (*moné*); todos os nomes, quando a divindade se manifesta *ad extra* (*próodos*). Apresentando os princípios e o método da obra, Dionísio julga que os nomes divinos correspondem às manifestações de Deus que O fazem, por assim dizer, sair de sua unidade invisível e inefável.

O argumento principal do "Capítulo II" é a definição de Deus como Uno e as suas principais relações com a multiplicidade. Nos parágrafos 1-6 desenvolve-se a célebre doutrina das uniões (*henóseis*) e distinções (*diakríseis*) na divindade que, segundo alguns estudiosos, se reduz, embora de maneira imprópria, às duas teologias, afirmativa e negativa. Na acepção mais geral, as uniões correspondem à *moné*, ao passo que a distinção à *próodos*. Dionísio leva mais adiante o discurso, sustentando

---

[70] Cf. especialmente G. LAFONT, *História teológica da Igreja Católica. Itinerário e formas da teologia*. São Paulo, Paulinas, 2000, 74-76. 325-328.

que cada um dos dois aspectos acima mencionados comporta, por sua vez, uniões e distinções internas. Por conseguinte, temos: 1º) união e distinção da união – na *moné*: a transcendência absoluta, a identidade (*tautótes*), a unidade (*henás*), a inefabilidade (*tò áphthegkton*), a polionimia (*tò polyónymon*), a incognoscibilidade (*he agnosía*), o ser objeto das negações, a transcendência sobre toda afirmação ou negação, o permanecer em si mesmas das divinas hipóstases (*tôn henarkhikôn hypostáseon monè kaì hídrysis*); 2º) união e distinção da distinção – na *próodos*: as três hipóstases trinitárias, que permanecem não confusas e distintas, conservando intactas as propriedades peculiares; 3º) uniões no momento das distinções – no ato da criação: os seres criados participam da divindade em sua totalidade e não somente em algum aspecto dela); 4º) distinções no momento da distinção – na Encarnação: nem o Pai nem o Espírito Santo participaram de algum modo da Encarnação, senão com a vontade comum. Em outras palavras, o ato criativo é unido e comum a toda a Divindade, razão pela qual todos os seres criados participam da Divindade em sua totalidade; a Encarnação é distinta, porém, no que tange somente ao Filho; porque o Filho participa daquela tornando-se realmente homem [tornando-se composto aquele que era simples], ao passo que o Pai e o Espírito Santo dela participam simplesmente com a sua vontade comum.

Na segunda parte do "Capítulo II" (§ 7-10), Dionísio apresenta um *excurso* acerca dos modos em que os seres particulares participam dos arquétipos universais. Esta problemática, que, em última análise, se identifica com a das ideias e a do mundo inteligível, explica-se do seguinte modo: a) Dionísio não faz nenhuma distinção entre ideias, isto é, arquétipos ou paradigmas, e atributos positivos de Deus; b) Dionísio tem diante de si um modelo, isto é, o comentário de Proclo ao *Parmênides* de Platão, no qual a discussão acerca da natureza das ideias constitui, por assim dizer, a introdução à abordagem da natureza de Deus. No fim do "Capítulo II" (§ 11), Dionísio define o Deus cristão, criador do Universo, com a fórmula "uno-que-é" (*hèn ón*), aplicando-lhe, porém, ao mesmo tempo, a fórmula "uno-que-não-é", ou ainda, uno-que-está-acima-do-ser (*òn hyperoúsios*). Dionísio, portanto, une em uma só as duas hipóstases do *Parmênides* de Platão: o "uno-que-está-acima-do-ser" e o "uno-que-participa-do-ser"[71].

Nos "Capítulos III-IV", entra em cena atributo particularmente importante: o Bem (*agathón*), que está associado tanto à *moné* e à *próodos*, quanto à *epistrophé*, bem como a seus sinônimos. Embora Deus transcenda também o Bem, Dionísio, no "Capítulo III", seguindo a tradição patrística, não hesita em atribuir a este termo um significado positivo. O Bem é o ponto de encontro para o qual convergem unificando-se as infinitas e multiformes manifestações da divindade, inclusive a Trindade, que é considerada a primeira e a mais própria expansão hipostática do Bem. Podemos dizer, portanto, que o Bem é um atributo – o único – ambivalente, que concerne tanto à *moné* quanto à *próodos*. Enquanto causa da *próodos* (visto que, por natureza própria, tende a expandir-se e difundir-se) e enquanto causa da *epistrophé* (visto que aparece como ponto convergente de todos os bens particulares), o Bem é suscetível de outras denominações; assim Dionísio chama-o *phôs*, "luz" (§ 6), assimilando-o à fonte da emanação, e *kállos* ou *kalón*, "beleza" ou "belo" (§ 7-8). Em consequência, uma vez que o Belo é desejável (*ephetón*) para as criaturas, Dionísio trata do atributo *éros* mais que do atributo especificamente cristão *agápe* (§ 12-16). Enfim, Dionísio expõe a doutrina do *kakón*, "mal" (§ 18-35).

Os "Capítulos V-VII" abordam a tríade inteligível procliana "ser-vida-intelecto" (*ón, zoé, noûs*), cujos atributos se ligam à *próodos*. No "Capítulo V", Dionísio procura tratar não tanto da natureza divina, que permanece sempre incognoscível e inefável, mas de suas emanações (*próodoi*) em direção a todos entes. Este conceito terá importância fundamental para a tradição filosófica e teológica do mundo grego bizantino,

---

[71] Cf. DN II, 649 C-D: "Mas, sendo uno e comunicando o uno a cada parte e ao todo, ao uno e ao múltiplo, é igualmente uno de modo supersubstancial, porque não é nem uma parte do múltiplo, nem uma totalidade formada de partes singulares, de tal modo que neste sentido não é o uno, nem participa do uno, nem contém em si mesmo o Uno".

e a problemática subjacente ao conceito diz respeito à tentativa de conciliar a concepção cristã de um Deus transcendente e criador com um esquema emanacionista. Dionísio atribui a Deus todos aqueles atributos que, especialmente em Proclo e no neoplatonismo em geral, figuravam como tantas outras ordens subordinadas, mediadoras da passagem do Uno ao múltiplo, e, antes de tudo, o ser, que neste capítulo não é mais concebido como a primeira e generalíssima manifestação do divino, depois do Uno incognoscível e inefável. Compreende-se assim por que o Dionísio, opondo-se a Proclo, sustenta que os anjos, ainda que sejam mentes (*nôi*)[72], pressupõem, por sua natureza, uma participação no ser e na vida, pois são mentes que sempre emergem em primeiro lugar entre os seres criados.

Uma vez esgotado o discurso sobre a aplicação do atributo "ser" a Deus, Dionísio passa a tratar do argumento (neo)platônico referente às relações entre os arquétipos e os seres concretamente existentes, de acordo como o que já havia esboçado no "Capítulo II", §7-10. Aparentemente fiel à tradição platônica anterior, Dionísio atribui às ideias, ou nomes, uma existência distinta (*autà kath' hautà*) e atribui-lhes também um caráter de relação (*pròs tí*), mas se distancia desta enquanto nega que as ideias ou nomes sejam entidades auto-subsistentes.

O "Capítulo VI" é dedicado ao atributo Vida: Deus é Vida em si mesmo – e precisamente Vida eterna – e também enquanto faz subsistir a vida-em-si e através dela todo gênero de vida. Como os seres, assim os viventes estão dispostos hierarquicamente em várias ordens de maior ou menor perfeição. Estas são: vida intelectual, vida humana, vida animal e vida vegetal. A vida intelectual, que é própria dos anjos e dos demônios, se caracteriza pela imortalidade e pela imutabilidade:

> "Por parte da Vida são vivificados e guardados todos os animais e vegetais: quer se trate de vida intelectual, racional, sensitiva, nutritiva, daquela que faz crescer, quer se trate de qualquer vida ou de um

---

[72] Recordemos que, de Parmênides em diante, vigia o axioma indiscutível segundo o qual ser e pensar são o mesmo.

princípio de vida ou de uma substância de vida, é graças à Vida que transcende toda vida que ela vive e vivifica"[73].

O "Capítulo VII" trata do atributo intelecto (*noûs*), aplicado a Deus, na medida em que é autor da terceira categoria dos seres, que participa em qualquer grau de conhecimento. Este atributo assume outras denominações mais ou menos análogas: sabedoria, intelecto, logos (*sophía*, *noûs*, *lógos*). O autor aborda ainda os atributos divinos verdade e fé (*alétheia* e *pístis*) que de algum modo estão associados a *noûs*.

Por fim, os "Capítulos VIII-XIII" tratam de alguns outros atributos divinos, compreendidos como "ato" daqueles precedentes, pois tais atributos representam a passagem dos atributos precedentes da fase paradigmática àquela da existência concreta. Por conseguinte, o "Capítulo VIII" aborda os atributos potência (*dýnamis*: § 2-6), justiça (*dikaiosýne*: § 7-8), salvação (*sotería*), redenção (*apolýtrosis*: § 9); o "Capítulo IX" trata dos atributos grande e pequeno, mesmo e outro, semelhante e dessemelhante, repouso e movimento, igualdade e desigualdade; o "Capítulo X" trata dos atributos Onipotente e Aquele que precede os séculos (*pantokrátor* e *palaiòs tôn heméron*), que, embora de origem bíblica, recordam a antítese velho e jovem do *Parmênides*, e, portanto, da problemática do tempo; o "Capítulo XI" trata do atributo paz (*eiréne*), entendida como a soma de todos os atributos divinos; o "Capítulo XII" trata dos atributos Santo dos santos, Rei dos reis, Senhor dos senhores, Deus dos deuses; e o "Capítulo XIII" aborda o Uno e o perfeito (*téleion kaì hén*).

III. NOTA À PRESENTE TRADUÇÃO

No que tange à presente tradução, o critério seguido foi o de máxima fidelidade ao texto grego, embora se tenha optado por uma terminologia consagrada, quando a tradução estritamente literal não facilitasse a compreensão do texto. Em algumas passagens obscuras consultei as diversas traduções e comentários existentes de *Dos nomes divinos*,

---

[73] DN VI, 857 B.

especialmente os estudos programáticos de R. Roques (1954)[74], P. Scazzoso (1967)[75], Ysabel de Andia (1996) e José Rico Pavés (2001).

A tradução é disposta na ordem tradicional, dividida em capítulos e parágrafos segundo a edição do jesuíta B. Cordier, com os títulos que aparecem na mesma edição, atestados por diversos manuscritos[76]. Entre colchetes em itálico – [ ] – encontra-se a numeração introduzida por C. Pera[77], e também a coluna e a letra da *Patrologia Græca* 3, que contém a edição de B. Cordier. Nas notas explicativas, valorizamos os escólios, que são citados segundo a edição da *Patrologia Græca* 4, com a indicação da coluna e da letra, respectivamente. Trata-se dos escólios mais antigos sobre o *corpus Dionysiacum*, da autoria de João Scitopolis e Máximo o Confessor[78], e de fundamental importância para a compreensão do texto de Dionísio.

Por fim, devo mencionar um especial agradecimento ao editor Sergio Rizek, que me estimulou e aceitou prontamente a publicação de *Dos nomes divinos* pela Attar Editorial, e ao Prof. Dr. Marcos Martinho dos Santos pelo "Prefácio" e por suas inumeráveis e valiosas contribuições a esta tradução.

---

[74] Cf. R. ROQUES, *L'univers dionysien. Structure hiérarchique du monde selon le Pseudo-Denys*. Paris, Aubier, 1954 (Paris, Cerf, ²1983).

[75] P. SCAZZOSO, *Ricerche sulla struttura del linguaggio dello Pseudo-Dionigi Areopagita. Introduzione alla lettura delle opere pseudo-dionisiane*. Milano, Vita e Pensiero, 1967.

[76] Para uma visão de conjunto acerca dos problemas colocados pela tradição manuscrita, cf. especialmente S. LILLA, *Ricerche sulla tradizone manoscritta del* De divinis nominibus *dello Pseudo-Dionigi l'Areopagita. Annali della Scuola Nomale Superiore di Pisa* 34 (1965) 296-386.

[77] S. Thomae Aquinatis, *In librum Beati Dionysii* De divinis nominibus *expositio* (ed. C. PERA, P. CARAMELLO & C. MAZZANTINI. Taurini-Romae, Marietti, 1950).

[77] Acerca da atribuição de cada um dos escólios, cf. H. U. VON BALTHASAR, *Das Problem der Dionysius-Scholien*, in *Kosmische Liturgie. Das Welt bild Maximus' des Bekenners*. Einsiedeln, Johannes Verlag, ²1961, 644-672 (tr. it. *Massimo il Confessore. Liturgia cosmica*. Milano, Jaca Book, 2001).

DOS NOMES DIVINOS
περὶ θείων ὀνομάτων[1]

DEDICADO AO PADRE TIMÓTEO
PELO PADRE DIONÍSIO

[1] Minha tradução segue a edição clássica da obra *Dos nomes divinos* que se encontra em Jacques Paul MIGNE (1800-1875) (ed.), *Patrologia Græca* (= PG) 3, colunas 585-996 (texto original grego e tradução latina). Trata-se de uma reprodução da edição de 1634 do jesuíta Balthasar CORDIER (1592-1650), com tradução latina e notas do próprio editor (S. DIONYSII AREOPAGITÆ, *De divinis nominibus* (Interprete Balthasare Corderio). Para cada capítulo dispomos também das paráfrases gregas de G. PAQUÍMERES (1242-1310), com tradução latina do próprio B. Cordier. Por fim, observemos que as paráfrases de Paquímeres se estendem a toda a obra de Dionísio.

CAPÍTULO I

Qual o escopo desta obra e qual a tradição dos nomes divinos

§ 1. *[1] [585 B]* Após as *Instituições teológicas*[2], ó bem-aventurado amigo, eu me voltarei agora, na medida de minhas forças, para a interpretação de *Dos nomes divinos*. *[2]* Mas aqui também faremos nossa a lei dos ditos sagrados, estabelecida anteriormente: não manifestaremos a verdade das coisas ditas sobre Deus com os discursos persuasivos da sabedoria humana, mas com a demonstração do poder (1Cor 2, 4) com que o espírito moveu os autores sagrados[3], *[3]* e que nos faz aderir de modo inefável e desconhecido às realidades inomináveis e desconhecidas em uma união superior *[588 A]* às nossas potências e forças da

---

[2] Trata-se certamente de uma obra que não chegou até nós e foi definida pelo escoliasta como "uma espécie de pré-introdução ou de pré-consideração daquilo que foi dito aqui e acolá nas Escrituras" (PG 4, 185B).

[3] O original traz o termo *theológoi*. Este vocábulo não pode ser traduzido aqui por "teólogos" no sentido em que o Ocidente medieval interpretou tal termo. Ele designa propriamente o autor inspirado e corresponde exatamente ao sentido global de "autores sagrados". Cf. R. ROQUES, *Structures théologiques. De la gnose à Richard de Saint-Victor. Essais et analyses critiques*. Paris, PUF, 1962, 137.

razão e da inteligência[4]. *[4]* Em geral, portanto, não é para ousar dizer nem entender nada da divindade supersubstancial e oculta senão aquilo que a nós está divinamente revelado dos ditos sagrados. *[5]* De fato, a impossibilidade de conhecer esta supersubstancialidade[5] que ultrapassa a razão, o pensamento e a substância, tal deve ser o objeto da ciência supersubstancial; não devemos também erguer os olhos para o alto senão na medida em que o raio dos ditos divinos se manifesta a nós, que nos remetemos aos esplendores mais altos com a moderação e santidade que convêm às coisas divinas. *[6]* De fato, se é preciso dar crédito à Sagrada Escritura sapientíssima e perfeitamente verdadeira, as coisas divinas revelam-se e mostram-se segundo a medida da inteligência de cada um, ao passo que a bondade do princípio divino, em sua justiça salvadora, separa, de um modo que convém à divindade, sua própria incomensurabilidade, como fenômeno que não se pode compreender, *[588 B]* das coisas que têm uma medida. *[7]* Como, de fato, as coisas inteligíveis permanecem incompreensíveis e invisíveis para as coisas que estão no âmbito dos sentidos, e as coisas simples e não-modeladas, para as coisas plasmadas e dotadas de forma, e as coisas incorpóreas, que estão acima

---

[4] Eis a primeira aparição de um termo fundamental da mística de Dionísio: *hénosis* ou "união", de que são três os sentidos básicos: 1º designa a unificação dos seres emanados ou a constatação da redução da pluralidade à unidade no movimento da conversão (cf. DN XI, 2 949 C); 2º significa a união com Deus que todo ser emanado realiza na conversão (cf. DN XI, 2); 3º designa a unidade, que imita a unidade transcendente de Deus pela participação na forma do uno, mas que, ao menos em nós, ainda é o resultado da unificação de uma pluralidade (cf. DN I, 4 589 A). Cf. a obra fundamental de Y. DE ANDIA, *Henosis. L'union à Dieu chez Denys l'Aréopagite*. Leiden, E. J. Brill, 1996, 23s.

[5] Literalmente: *hyperousiótetos*. "Substância [*ousía*] deriva do verbo ser [*eînai*], e o ser expressa a ideia de derivação; por essa razão, a propósito de Deus, não se pode falar de ser ou substância em sentido próprio, porque Deus está acima de toda substância, na medida em que não é nenhuma das coisas que existem, mas está acima dos seres, e os seres derivam d'Ele. De fato, a divindade do Deus único, que está escondida de todos, é a potência teárquica que governa aqueles que se dizem deuses, os anjos e os homens, enquanto é criatura daqueles que se tornam deuses por participação naquela que é a divindade-em-si por si mesma e sem causa" (PG 4, 185C-188A).

do tato e também da forma e figura, para as coisas formadas segundo figuras corpóreas, assim, segundo o mesmo procedimento verídico, a infinidade supersubstancial (*hyperoúsios aoristía*) está acima das substâncias, e a unidade, que está acima da inteligência (*hypèr noûn*), acima das inteligências, e nenhum pensamento pode pensar (*adianóeton*) o uno que está acima do pensamento, e nenhuma palavra pode exprimir (*árrheton*) o bem que está acima de toda palavra, unidade que unifica todas as unidades, substância supersubstancial (*hyperoúsios*), inteligência ininteligível (*noûs anóetos*), palavra inefável (*lógos árrhetos*), ausência de razão (*alogía*), ausência de inteligibilidade (*anoesía*), ausência de nome (*anonymía*), a qual não existe segundo nenhum dos entes e tanto é causa do ser de tudo como não existe em si, na medida em que está situada acima de toda substância e na medida em que se revela a si mesma soberanamente e cientemente[6].

§ 2. *[8] [588 C]* Como se disse, pois, dessa divindade supersubstancial e oculta não é para ousar dizer nem entender nada senão aquelas coisas que, por inspiração divina, nos foram manifestadas por meio dos livros sagrados. *[9]* Portanto, como essa divindade nas Sagradas Escrituras benevolamente se manifestou a si mesma, a ciência e a contemplação de sua natureza é inacessível aos seres enquanto é separada de todos os seres de modo supersubstancial. E poderás encontrar muitos autores sagrados que a celebraram não só como invisível e incompreensível, mas também como imperscrutável e ininvestigável, como se não existisse nenhum traço daqueles que penetram em sua secreta infinidade. *[10]* Entretanto, o bem não permanece totalmente incomunicável a todo ser, pois, por sua própria iniciativa e como convém à sua bondade, ele manifesta continuamente este raio supersubstancial que nele permanece,

---

[6] Todos os nomes indicam que Deus transcende os seres dos quais é causa. No plano gramatical, duas características chamam a atenção: 1ª A presença de numerosos termos que começam com alfa privativo, que confere aos compostos gregos um valor negativo; 2ª O uso da preposição *hypér* e algumas outras expressões de mesmo sentido, tão características do vocabulário da transcendência em Dionísio.

iluminando cada criatura proporcionalmente às potências receptivas dela *[588 D]* e estimulando as inteligências sagradas para a contemplação lícita dele mesmo, para a comunhão com ele, para a assimilação a ele, as quais inteligências, porquanto lhes é lícito, tendem para ele santamente *[589 A]* e não deslizam nem para aquilo que é superior à manifestação divina que lhes foi concedida na justa medida, a presumir o impossível, nem para baixo, pela propensão às coisas piores, mas de modo firme e constante erguem os olhos para o raio que as ilumina e, num ardor amoroso proporcionado às luzes que receberam, com uma sagrada reverência, levantam seu voo em direção a ele, sábia e santamente.

§ 3. *[11]* Se nos submetermos a essas disciplinas teárquicas, que governam todos os santos ordenamentos das fileiras supracelestes, se honrarmos a obscuridade da tearquia[7], que se encontra acima da inteligência e da substância, *[589 B]* com as sagradas venerações interiores que não se podem investigar, e as coisas inefáveis, com um casto silêncio, nos conduziremos até os raios que para nós brilham nos livros sagrados e nos guiaremos com seu esplendor até os hinos divinos, inundados de uma luz que não é deste mundo e adaptados aos santos louvores, de tal modo que não somente possamos ver essas luzes divinas que concedem esses louvores na medida adequada às nossas capacidades, mas também louvar o princípio benéfico de toda a sagrada iluminação conforme ele mesmo se revelou a si mesmo nos livros sagrados. *[12]* Por exemplo, dizem-nos que de todas as coisas ele é causa, princípio, substância, vida, e de toda criatura decaída é apelo e ressurreição, e daqueles que deslizaram até perder a marca divina é renovação e reforma, e daqueles que se debatem segundo uma hesitação impura é sagrado fortalecimento, e daqueles que permanecem firmes é segurança, *[589 C]* e daqueles que sobem até ele é mão estendida, e daqueles que recebem a luz é iluminação, e dos perfeitos é princípio de perfeição, e dos deificados é suma divindade, e daqueles

---

[7] Deus é indicado assim enquanto princípio de deificação, razão pela qual os anjos e as almas são chamados deuses, e a divindade, *hypértheos* ou "superdivina"; cf. MT I, 997 A.

que se tornam simples é simplicidade, e daqueles que tendem à unidade é unidade, isto é, princípio de todo princípio situado supersubstancialmente acima de todo princípio, e daquilo que está oculto é, quanto é possível, transmissão benfazeja; em suma, é vida do que vive, substância do que subsiste, princípio e causa de toda vida e substância, por causa de sua bondade, que conduz os entes ao ser e os mantém.

§ 4. *[13] [589 D]* Nessas coisas fomos iniciados pelos livros divinos e, por assim dizer, tu poderás encontrar todos os hinos sacros dos autores sagrados que distinguem os nomes de Deus de modo manifesto e celebrativo segundo os procedimentos benéficos da tearquia. *[14]* Assim, vemos que quase em cada livro da Sagrada Escritura a tearquia é celebrada santamente, seja como mônada e unidade[8], por causa da simplicidade e da unidade de sua indivisibilidade sublime, que nos unifica como potência unificadora e, já que as nossas diversidades divisíveis são complicadas de uma maneira que não é deste mundo, nos conduz juntos para a mônada divina *[592 A]* e para a unificação que tem a Deus mesmo como modelo; seja como trindade, por causa do manifestar-se da fecundidade supersubstancial das três pessoas, "da qual toda paternidade existe e é assim chamada no céu e sobre a terra" (cf. Ef 3, 15); seja como causa dos seres, porque é em virtude de sua bondade criadora de substâncias que foram criadas todas as coisas; seja como causa sábia e bela, porque todas as coisas que existem e que conservam incorruptíveis as propriedades de sua natureza estão repletas de toda harmonia divina e sagrada beleza; seja como causa amorosa para com todos os homens, porque segundo a verdade se comunicou totalmente à nossa natureza por uma de suas Pessoas, chamando para si a baixeza humana e erguendo-a, em virtude da qual de modo inefável se tornou composto Jesus, que é simples, e o eterno assumiu uma extensão temporal, e penetrou em nossa natureza aquele que está supersubstancialmente além de toda

---

[8] Mônada (*monás*) e unidade (*henás*), dois termos que possuem praticamente o mesmo significado, indicam aqui um único conceito.

ordem da natureza toda, *[592 B]* conservando imutáveis e inconfundíveis as suas propriedades[9]. Dessas luzes produzidas pela operação divina e de todas as demais do mesmo gênero das quais, em conformidade com os livros sagrados, o dom secreto nos foi outorgado pelos nossos predecessores divinamente inspirados[10], *[15]* recebemos a iniciação – agora, proporcionalmente à nossa inteligência, através dos véus sagrados da benevolência das Sagradas Escrituras e das tradições episcopais, cuja benevolência colocou em torno das coisas inteligíveis um véu sensível, e das coisas supersubstanciais, um véu substancial, e atribuiu formas e figuras a coisas privadas de forma e de figura, e multiplicou e compôs a simplicidade suprema e isenta de figura na variedade de símbolos distinguíveis –; quando, porém, nos tornarmos incorruptíveis e imortais e tivermos atingido o repouso perfeitamente bem-aventurado daqueles que são inteiramente conformes a Cristo, então, segundo o sagrado dito, *[592 C]* "estaremos sempre como Senhor" (1Ts 4, 17), repletos de sua divina presença, visível em santíssimas contemplações, que nos iluminará com luzes assaz esplêndidas, como os discípulos naquela diviníssima transfiguração (cf. Mt 17, 5; Mc 9, 6; Lc 9, 32. 34), participando de seu brilho inteligível, com uma inteligência imperturbável e desmaterializada, e da união que supera a inteligência nas efusões incognoscíveis e bem-aventuradas de raios mais luminosos do que a luz, na imitação mais divina das mentes supraceletes. De fato, tornar-nos-emos "semelhantes aos anjos", como diz a verdade da Sagrada Escritura, e "filhos

---

[9] As três partes que compõem este período correspondem aos três aspectos mediante os quais se considera a divindade: 1º mônada e unidade; 2º trindade; 3º causa, ou seja, na sua simplicidade, na trindade das pessoas e em seu operar fora do seu ser. A ação *ad extra* é considerada sob três aspectos: 1º a criação, 2º a conservação e o governo do mundo, 3º a encarnação a favor do homem. Acerca da encarnação diz-se apenas que esta diz respeito diretamente a uma só das três pessoas, que comporta uma união com uma humanidade completa – assim devemos entender *holikôs* – e que esta união acontece para elevar o homem até Deus. Cf. também DN II, 648A-649A; EP IV, 1072A-C.

[10] Essas luzes teúrgicas parecem ser os ritos litúrgicos que, não sendo explicitamente indicados pelas Sagradas Escrituras, julgava-se ter sido transmitidos pelos apóstolos; cf. BASÍLIO, *O Espírito Santo* 27, 67.

de Deus, sendo filhos da ressurreição" (cf. Lc 20, 36). Agora, portanto, segundo os dons que recebemos, utilizamos símbolos apropriados às coisas divinas e são esses que novamente nos elevam, segundo a nossa capacidade, para a verdade simples e una das contemplações inteligíveis e, depois de toda compreensão das coisas divinas que podemos ter, fazendo cessar as atividades intelectuais, *[592 D]* nos lançamos, enquanto nos é permitido, para o raio supersubstancial, *[17]*, no qual todos os limites de todos os conhecimentos preexistem de modo mais que inefável, e o qual não é possível compreender, nem dizer, nem contemplar totalmente de modo algum, visto que é separado de todas as coisas e superdesconhecido, *[18]* como aquele que assume em si mesmo, antecipadamente, de maneira supersubstancial, todas as definições de todos os conhecimentos e potências substanciais e é colocado acima de todas as coisas e também das inteligências supracelestes por uma potência incompreensível[11]. *[19]* Se, de fato, todas as ciências têm como objeto o ser, e todo ser é limitado, o raio, que é superior a toda substância, está também acima de qualquer conhecimento[12].

§ 5. *[20]* E, na realidade, se a divindade supersubstancial supera todo discurso e todo conhecimento e é absolutamente superior à inteligência e à substância, *[21]* abarcando, reunindo e antecipando todas as coisas, mas permanecendo completamente inapreensível para todas elas, e se dela não existe nem percepção[13], *[593 B]* nem imaginação, nem

---

[11] Eis o itinerário para chegar ao contato com o Deus incompreensível: parte-se do conhecimento sensível para passar ao conhecimento discursivo e intuitivo e à cessação de toda atividade intelectual. A esta altura a alma se une à luz divina, na qual preexistem, como na causa da qual derivam, os conhecimentos e as potências limitadas pelas criaturas.

[12] "Se os conhecimentos ou ciências dizem respeito às substâncias e aos seres, Deus, não estando nem na substância nem sendo nenhum dos seres, está, naturalmente, acima do conhecimento" (PG 4, 201A).

[13] Dionísio apresenta um elenco de formas de conhecimento que não nos permitem chegar até Deus: a sensação (*aísthesis*), a imaginação (*phantasía*), a opinião (*dóxa*, isto é, a conjectura provável), o nome (*ónoma*, ou conceito), o raciocínio

opinião, nem nome, nem palavra, nem tato, nem ciência, como poderemos compor nosso discurso acerca dos nomes divinos, tendo antes já demonstrado que a divindade supersubstancial escapa a toda expressão e transcende todo nome? *[22]* Mas, como dissemos quando expusemos as nossas *Instituições teológicas*, o uno, o incognoscível, o supersubstancial, o bem em si – em suma, o que quer que seja a unidade trina, que é em igual medida Deus e bem, não se pode dizer nem pensar. Na verdade, também as uniões das santas potências, que convêm aos anjos – quer se devam chamar efusões, quer recepções da bondade superincognoscível e brilhantíssima –, são inefáveis e desconhecidas, e pertencem somente àqueles anjos julgados dignos de estar acima do conhecimento angélico. *[23]* Quando essas inteligências[14], unidas a Deus, enquanto lhes é possível, se tornaram, à imitação dos anjos, deiformes (quando depois da cessação de todo ato intelectual sucede tal união *[593 C]* para as inteligências deificadas que tendem para a luz mais que divina), então estas almas celebram-no de modo excelente, mediante o afastamento de todas as coisas existentes[15], e recebem a iluminação verdadeira e sobrenatural, em consequência de sua beatíssima união com ele, porque é a causa de todos os seres, sem que seja nenhum desses, pelo fato de que é separado de todos de modo supersubstancial. Portanto, esta supersubstância divina, qualquer que seja o modo superior de ser da superbondade,

---

(*lógos*), o contato (*epaphé*, ou conhecimento intuitivo) e a ciência (*epistéme*). Em relação ao contato, eis o que diz o escoliasta: "Chama contato a compreensão intelectual. De fato, quando nos lançamos com a inteligência em direção às realidades intelectuais para conhecê-las, parece-nos tocá-las, parece-nos perceber com a inteligência o que são, como através do tato percebemos as coisas sensíveis. Mas não tocamos em Deus nem mesmo com a inteligência" (PG 4, 201C); cf. o elenco análogo, mas em ordem inversa, em DN VII, 872 B.

[14] Aqui, *nóes* ou "inteligências", palavra com a qual normalmente se indicam os anjos, indica as almas humanas e, precisamente, os autores inspirados, segundo a interpretação do escoliasta (cf. PG 4, 204B-C).

[15] O termo grego é *apháiresis* ou "afastamento", termo com o qual Dionísio indica normalmente o processo de superação dos diversos graus do conhecimento humano (cf. MT II, 1025 A-B).

nenhum daqueles que amam a verdade acima de toda verdade pode celebrá-la nem como palavra ou potência, nem como inteligência ou vida ou substância, mas como separada de modo excelentíssimo de toda maneira de ser, de todo movimento, vida, imaginação, opinião, nome, palavra, pensamento, inteligência[16], substância, estado, posição, unidade, limite, imensidade, e também de todas aquelas coisas que existem. *[24]* Mas, já que, como substância da bondade, é, com o seu próprio existir, a causa de todas as coisas que existem, deve ser celebrada por todos os seres criados a providência divina, fonte de todos os bens, uma vez que todas as coisas existem em torno dela e para ela, e ela mesma existe antes de todas as coisas, e todas as coisas nela subsistem e, pelo fato mesmo de seu existir, foram produzidas e conservadas, e todas as coisas a desejam: os seres dotados de inteligência e de razão por modo de conhecimento, os animais inferiores a estes pela via da sensação, os demais seres por um movimento vital ou por uma disposição substancial ou constante.

§ 6. *[25] [596 A]* Sabendo disto, portanto, os autores sagrados celebram-na como inominável e plena de todo nome. Celebram-na como inominável, como quando afirmam que a própria tearquia, em uma das visões místicas da aparição simbólica[17], repreendeu aquele que tinha perguntado: "Qual é o teu nome?" (Gn 32, 27), e, para desviá-lo de todo conhecimento do nome divino, disse: "Por que perguntas o meu nome? Ele é admirável" (Jz 13, 18). E não é efetivamente um nome admirável aquele que está acima de todo nome, este nome anônimo, "que está situado acima de todo nome que se nomeia, neste século, como no século futuro?" (Ef 1, 21) Chamam-na tearquia multinominável, como quando a descrevem, em seguida, dizendo dela mesma: "Eu sou aquele que sou" (Ex 3, 14), a vida, a luz, Deus, a verdade, e quando os próprios

---

[16] Enumerando tais termos, dos quais não é fácil fixar o significado exato, Dionísio tem em vista dizer simplesmente que Deus está acima de todas as faculdades cognoscitivas humanas e de tudo aquilo que constitui o ser das criaturas (cf. PG 4, 205 A).

[17] São as teofanias do Antigo Testamento.

autores sagrados a celebram como causa de todas as coisas com muitos nomes tomados de todas as criaturas, *[596 B]* como bom, belo, sapiente, amável, deus dos deuses, senhor dos senhores, santo dos santos, eterno, existente, autor dos séculos, doador da vida (At 17, 25), sabedoria, inteligência, verbo, sapiente, aquele que possui em grau máximo todos os tesouros de toda ciência (cf. Cl 2, 3), potência (1Cor 1, 24), potente, rei dos reis (cf. Ap 19, 16), antigo dos dias (cf. Dn 7, 13), não sujeito à velhice (cf. Sl 102 [101], 28; Tg 1, 17), nem à mudança, como salvação, justiça, santificação, redenção (cf. Mt 1, 21; Lc 2, 30), como aquele que supera todos em grandeza e que habita em uma brisa suave. Além disso, acrescentam que ele se encontra nas inteligências, nas almas e nos corpos, no céu e na terra, sempre igual a si mesmo, no universo, em torno do universo, acima do universo, acima do céu, superior à substância; dizem que ele é sol, estrela, fogo, água, espírito, orvalho, nuvem, até rocha e pedra, tudo aquilo que é e nada daquilo que é.

§ 7. Assim, portanto, àquela que é causa de todas as coisas e é superior a todas as coisas não convém nenhum nome e ao mesmo tempo convêm todos os nomes das coisas que existem, a fim de que seja rainha de todas as coisas, e todas as coisas gravitem em torno dela e dela dependam como causa, como princípio e como termo, e ela, segundo o dito sagrado, seja "tudo em todos" (1Cor 15, 28) e seja verdadeiramente celebrada como *[26]* substância que dá o princípio, a perfeição e a conservação a todas as coisas, custódia e domicílio, e se volta *[596 D]* para si mesma e faz tudo isso de modo uniforme, invencível, excelente. Pois não só é causa da conservação da vida e da perfeição, de modo que só graças a esta função ou outras funções de sua providência possa ser chamada bondade superior a qualquer nome, *[597 A]*, mas também compreende em si todos os seres de modo simples e sem limites, em razão dos perfeitíssimos benefícios de sua única providência, causa de todas as coisas, de sorte que podemos celebrá-la e nomeá-la convenientemente a partir de todas as coisas que existem.

§ 8. *[27]* E, na verdade, assim os autores sagrados não somente honram esses nomes divinos, isto é, aqueles que derivam das providências gerais ou particulares ou das criaturas sobre as quais age a providência, mas também de certas visões divinas que iluminaram, nos templos sagrados ou em outro lugar, os iniciados e os profetas[18]. Segundo a diversidade de suas funções e potências, chamam-no bondade superior à luz e a todo nome, atribuindo-lhe formas e figuras humanas ou ígneas ou ambarinas. *[597 B]* É assim que louvam olhos dela e orelhas e cabelos e face e mãos e ombros e asas e braços e dorso e pés e lhe atribuem coroas, tronos, cálices, taças e outros objetos repletos de mistério; dessas coisas trataremos, segundo as nossas forças, na *Teologia simbólica*. *[28]* Mas agora, reunindo dos sagrados ditos tudo aquilo que diz respeito ao nosso presente propósito, servindo-nos das coisas ditas como se fossem uma regra e nelas fixando os olhos, passemos à explicação dos nomes divinos inteligíveis *[29]* e, como sempre prescreve a lei hierárquica[19] para toda disputa teológica, vejamos com uma inteligência espiritual, contempladora do divino, para usar uma linguagem precisa, as visões pelas quais Deus se manifesta, e apliquemos ouvidos santos às explicações dos sagrados nomes divinos, para transmitir as coisas santas aos santos segundo a tradição divina *[597 C]* e subtraí-las ao escárnio e às injúrias dos profanos, ou antes, se existem tais homens, para retirar-lhes a possibilidade de lutar contra Deus sobre este argumento. *[30]* No que te diz respeito, ó caro Timóteo, é necessário que mantenhas em segredo essas coisas, segundo a exortação santíssima, procedendo de tal modo que os profanos não conheçam e nem divulguem as coisas divinas. A mim, porém, Deus conceda celebrar dignamente a multidão dos nomes benéficos da divindade, que não pode ser chamada nem nomeada, e não subtraia à minha boca a palavra da verdade.

---

[18] Os nomes divinos são extraídos do criado e das revelações diretas (cf. EP IX, 1104 B - 1108 B). Estas revelações são as diversas teofanias recordadas na Sagrada Escritura (cf. PG 4, 209 B: "Chama visões divinas as revelações através dos símbolos"). Para as revelações no templo, cf. Is 6.

[19] Hierárquica, isto é, sacerdotal: "Nota que sobretudo aos sacerdotes cabe considerar as divinas Escrituras" (PG 4, 209 C).

CAPÍTULO II

Da teologia unida e distinta, e qual a união e a distinção divina[20]

§ 1. *[31] [636 C]* A bondade, que por si mesma determina e manifesta toda a existência teárquica[21], seja ela o que for, é celebrada pelos sagrados ditos. De fato, como interpretar de outro modo o ensinamento da Sagrada Escritura quando afirma que a própria tearquia, revelando a si mesma, diz: "Por que me interrogas sobre aquele que é bom?" (Mt 19, 17) "Ninguém é bom senão Deus" (Mc 10, 18; Lc 18, 19). Portanto, depois de o ter investigado em outras passagens, demonstramos que pelas Sagradas Escrituras são celebrados todos os nomes divinos convenientes a Deus, não em parte, mas em toda a divindade perfeita, íntegra e plena, e todos esses de maneira indivisível, absoluta, idêntica e completa se referem a toda integridade da divindade perfeita e completa.

---

[20] Dionísio desenvolve em DN II, 640 A10-644 D2 uma teologia trinitária. O texto se divide em duas partes que tratam: 1° da unidade superior a toda unidade (*he hypereuoméne henás*), 2° da união e distinção (*hénosis kaì diákrisis*). O autor faz uma distinção entre quatro termos para tematizar a unidade da trindade: a unidade (*henás*), a unidade (*henótes*), a união (*hénosis*), a morada ou permanência (*monê*).

[21] "A divindade da santa e única adorável trindade que se reconhece nas três hipóstases. Ele tem o hábito de chamar 'verdade total' a augusta trindade" (PG 4, 212 A).

Assim, como recordamos nas *Instituições teológicas*, se afirmamos que isto não foi dito em relação a toda a divindade, *[637 A]* dizemos uma blasfêmia e ousamos dividir temerariamente a unidade superior a toda unidade. É preciso dizer, portanto, que este nome convém a toda divindade: de fato, o próprio Verbo, que é por natureza bom, afirmou: "Eu sou bom" (Mt 20, 12), e algum dos profetas divinamente inspirados celebra o espírito porquanto é bom (cf. Sl 143 (142), 10). Aliás, se quiséssemos restringir o sentido do dito "Eu sou aquele que sou" (Ex 3, 14) a uma só parte da divindade, em vez de admitir que fora dito a respeito de toda a divindade, como entenderíamos então estas palavras: "Isto diz aquele-que-é, aquele-que-era, aquele-que-vem, o todo-poderoso" (Ap 1, 8), e ainda: "Tu és idêntico a si mesmo" (Sl 101 (100), 28), e ainda estas: "O espírito da verdade", que é "aquele que procede do Pai?" (Jo 15, 26) Se não se diz que toda a divindade é vida, como pode ser verdadeira a palavra sagrada que afirma: "Assim como o Pai ressuscita e vivifica os mortos, assim também o Filho vivifica aqueles que deseja?" (Jo 5, 21), e aquela outra expressão: *[637 B]* "É o espírito que vivifica?" (Jo 6, 64) Visto que toda a divindade possui o domínio de todas as coisas, não se podem nomear, quer se trate de Deus Pai, quer se trate de Deus Filho[22], creio, as passagens da Sagrada Escritura onde se aplica o título de Senhor ao Pai e ao Filho; mas "também o Espírito é Senhor" (2Cor 3, 17). A beleza e a sabedoria são atribuídas também à divindade toda; assim igualmente as Sagradas Escrituras se referem, para a celebração de toda a tearquia, à luz, ao agir de Deus, à causalidade e a tudo aquilo que pertence à tearquia em seu conjunto; sumariamente, quando dizem: "Tudo vem de Deus" (1Cor 11, 12); difusamente, quando declaram: "Tudo foi feito por ele e para ele" (Jo 1, 3); e: "Tudo nele subsiste" (Rm 11, 36); e: "Enviarei o teu espírito, e serão criadas" (Sl 104 [103], 30). E para resolver o debate em uma palavra, o próprio Verbo de Deus disse: "Eu e o Pai somos um" (Jo 10, 30); e: "Todas as coisas que *[637 C]* o Pai tem são minhas" (Jo 16, 15); "tudo o que é meu é teu, e tudo o que é teu é meu"

---

[22] Literalmente: "da divindade que gera a Deus (*theogónou*)" e "da divindade filial" (*hyiikês*).

(Jo 17, 10). Acrescentemos uma vez mais que todas as coisas que são do Pai e dele, o Verbo atribui, de modo comunicativo e unificador, ao Espírito divino, como, por exemplo, as operações divinas, a veneração, a causa primeira e perpétua[23] e a distribuição dos dons que convêm ao bem. E penso que nenhum daqueles que foram educados nas divinas Escrituras com uma reta compreensão possa negar que todas as coisas divinas pertencem a toda divindade em razão da perfeita divindade. *[34]*. Portanto, depois de ter demonstrado e definido essas verdades, aqui brevemente e parcialmente, mas em outro lugar com muitos detalhes e à luz das divinas Escrituras, digamos que, qualquer que seja o nome integral de Deus que se trate de explicar, é preciso aplicá-lo à divindade toda.

§ 2. *[35] [637 D]* Se alguém diz que com isso introduzimos a confusão às expensas da distinção que convém à divindade, pensamos que tampouco um tal raciocínio possa verdadeiramente passar por convincente *[640 A]*. *[36]* Mas se existe um homem que seja totalmente rebelde ao ensinamento da Sagrada Escritura, um tal homem estará longe completamente também da nossa filosofia, e, se negligencia o conhecimento de Deus que deriva das Sagradas Escrituras, como nos importaremos de introduzi-lo na ciência teológica? Se, ao contrário, vela atentamente pela verdade dos livros santos, também nós, usando esta regra e esta luz, quaisquer que sejamos, nos empenharemos em defender sem hesitação nossa tese, dizendo que a Sagrada Escritura transmite algumas coisas de maneira unida, outras de maneira distinta, e não é lícito nem separar as coisas unidas nem confundir as coisas distintas, mas, dóceis ao ensinamento recebido, segundo as nossas forças, convém elevar-nos em direção aos divinos esplendores; de fato, aceitando daquela parte as manifestações divinas como uma estupenda regra de verdade, *[640 B]* procuremos conservar em nós mesmos o depósito dessas revelações, sem acrescentar nem diminuir nem alterar nada, conservando-as sob

---

[23] Literalmente: "causa fontal (*pegaían*) e contínua".

a proteção dos livros santos, neles haurindo o poder para conservá-los seguros juntamente conosco.

§ 3. *[37]* Portanto, os nomes unidos de toda a divindade, como demonstramos nas *Instituições teológicas* amplamente à luz da Escritura, são o bem, a divindade, a substância, a vida, a sabedoria, qualidades acima de toda compreensão[24], e qualquer nome deduzido de uma negação excelente[25]; acrescentemos a esses os nomes que indicam a causa: o bem, o belo, aquilo que é, aquilo que vivifica, o sapiente e todos os outros nomes com os quais é chamada a causa de todos os bens em razão de seus dons benévolos. *[640C]* São distintos, ao contrário, o nome super-substancial e a realidade[26] do Pai e do Filho e do Espírito Santo, porque não é absolutamente possível introduzir nesses um intercâmbio e uma comunhão. Existe também uma coisa distinta além destas: a natureza de Jesus, invariável e completa como a nossa, e todos os mistérios substanciais que aquela realizou por amor aos homens.

§ 4 *[38] [640 D]* Mas ocorre, penso eu, para retomar melhor o argumento, que exponhamos o modo perfeito da unidade e da distinção

---

[24] No original grego todos os termos são compostos com o prefixo *hyper-*: *tò hyperágathon, tò hypértheon* etc., ou "superbem, superdivindade etc.", para indicar que Deus está além, isto é, acima dos conceitos indicados por esses nomes, razão pela qual podemos aproximar-nos dele através de uma negação excelente dos diversos conceitos.

[25] "Expressa o louvor de Deus segundo uma negação que está acima do pensamento. De fato, é adorado de modo excelente por causa de propriedades suas que não se vêem, tais como imortalidade, infinitude, invisibilidade, auto-suficiência e todos os nomes semelhantes" (PG 4, 216A).

[26] Traduzimos o termo *khrêma* como "realidade" para indicar o modo concreto das hipóstases. Sem apresentar qualquer relevo na expressão do dogma trinitário, a palavra corresponde ao termo *prâgma* ou coisa, individualidade concreta, referida às pessoas divinas, especialmente antes do Concílio de Niceia (325 d.C.), como equivalente de hipóstase pessoal. A tradução latina correspondente é *res*: *Discreta vero sunt Patris suprasubstantiale nomen, et res, et Filii, et Spiritus sancti* (PG 3, 639 C).

divina, a fim de que todo o nosso discurso seja facilmente compreensível, evitando toda a variedade e obscuridade e definindo, segundo nos é possível, os próprios argumentos de maneira distinta, clara e metódica. *[39]* Como eu disse já em outros escritos, os sagrados preceptores da nossa tradição teológica chamam unidades divinas as realidades secretas e inacessíveis[27] da singularidade superinefável e superincognoscível, *[40]* e chamam distinções as progressões benéficas e as manifestações da tearquia que estão em Deus *[41]* e dizem, seguindo a Sagrada Escritura, *[641 A]* que há atributos próprios à unidade assim definida e que à distinção mesma em Deus correspondem ainda unidades e distinções particulares. *[42]* Por exemplo, segundo a unidade divina, isto é, a supersubstancialidade, devem-se atribuir à trindade, princípio de unidade, como atributos unitários e comuns, a Substância supersubstancial, a divindade superior à divindade, a bondade superior à bondade, a identidade de todas as coisas situada além de toda propriedade que, por sua vez, é superior a tudo, a unidade que supera todo princípio que unifica, a inefabilidade, a multiplicidade de nomes, o incognoscente e perfeitamente inteligível, a afirmação e a negação de toda coisa que está acima de toda afirmação e negação, *[43]* a permanência e colocação recíproca, se assim se pode dizer, das hipóstases, princípio de unidade, totalmente unida além de toda união e não confusa em nenhuma parte, *[44]* assim como, para usar exemplos sensíveis e familiares, as luzes de várias lâmpadas que estão em uma só casa, ainda que totalmente imanentes umas às outras, mantêm intacta e inalterada a distinção recíproca que subsiste, unidas na distinção *[641 B]* e distintas na união. *[45]* E constatamos que, de fato, se em uma casa existem várias lâmpadas, as luzes de todas se unem em uma só luz e fazem brilhar uma única luz indivisível, e ninguém, penso, no ar que envolve todas essas luzes, poderia distinguir das outras aquela que vem de tal lâmpada particular, nem ver esta luz

---

[27] As unidades divinas (*tàs mèn henóseis tàs theías*), ou seja, os nomes que valem para as três pessoas divinas, são a estabilidade oculta e inacessível, isto é, as características imutáveis, que permanecem ocultas e inacessíveis ao homem porque "ninguém conhecerá jamais a substância da trindade em si mesma" (PG 4, 216 C).

sem ver aquela, uma vez que todas se misturam a todas sem confusão. *[46]* Mas se retiramos da casa uma lâmpada, sua própria luz desaparece inteiramente, sem arrastar consigo nada das outras luzes nem tampouco lhes deixar algo de si mesma. De fato, como já disse, sua união era *[641C]* perfeita e total, mas sem suprimir sua individualidade e sem produzir nenhum traço de confusão. *[47]* Ora, isto acontece realmente em um corpo, isto é, no ar, quando a luz depende de um fogo material. Daí, portanto, dizemos que a unidade supersubstancial se assenta não somente acima das únicas uniões que estão nos corpos, mas também acima daquelas que estão nas almas e nas inteligências, as quais são possuídas sem mistura alguma e de um modo que ultrapassa este mundo pelas luzes divinas e supracelestes que se penetram reciprocamente de modo completo, segundo a participação proporcionada àqueles que são partícipes da união que está cima de todas as outras.

§ 5. *[48] [641D]* Nos nomes de Deus existe, porém, uma distinção que é supersubstancial, como já disse, à medida que, segundo a mesma união, cada uma das hipóstases, princípios de unidade, é colocada sem confusão e sem mistura, mas também as relações próprias da divina geração supersubstancial não se permutam entre si. A única fonte da divindade supersubstancial é o Pai, de modo que o Pai não é o Filho, nem o Filho é o Pai. Os hinos sagrados, de fato, santamente conservam para cada uma das divinas pessoas as suas características. Estas são as uniões e as distinções[28] segundo a unidade inefável e segundo a existência. *[49]* Se a distinção divina é um proceder benigno *[644A]* da união divina que

---

[28] "Ora fala da inefável processão da trindade que dá origem a três hipóstases, já que aquele que é Deus e Pai, movendo-se fora do tempo e sob o impulso do amor, procede até a distinção das hipóstases, permanecendo superunido e supersimples em sua totalidade, sem dividir-se e sem diminuir. De fato, o seu próprio esplendor vem à existência como uma imagem vivente, e o santíssimo Espírito procede do Pai de modo a ser adorado e supereterno, como ensina o Senhor (Jo 15, 26). É pela bondade que se multiplica em uma tearquia de três hipóstases a causa e fonte de todas as coisas. Isto é dito pelo teólogo Gregório nos discursos *Contra Eunômio* [GREGÓRIO DE NAZIANZO, *Discurso* 29, 2 e 31, 3-4].

se propaga e se multiplica de modo superúnico em razão de sua bondade, são unidas, segundo a distinção divina, as liberalidades incomensuráveis, as causas da substância, da vida e da inteligência e os outros dons da bondade, causa de todas as coisas, os quais permitem celebrar, seja a partir das participações, seja a partir dos participantes, as coisas participadas que não são participáveis²⁹. Acrescentemos que é uma propriedade comum, sintética e única para toda a divindade comunicar-se na sua totalidade a cada um daqueles que nela participam, sem que nenhum dela tenha uma parte, *[50] [644B]* como o ponto central de um círculo é participado por todas as linhas traçadas na circunferência, e como as múltiplas marcas de um selo participam do primeiro selo, o qual em cada uma das marcas é inteiro e o mesmo, e em nenhuma é segundo alguma parte. *[51]* Mas a imparticipabilidade da divindade, causa de tudo, ultrapassa esses exemplos pelo fato de que não é tangível e não tem nenhuma relação que comporte mistura com aqueles que nela participam.

§6. *[52]* Mas alguém poderia objetar: o selo não é inteiro e o mesmo em todas as expressões. Mas não é causa disto o selo, que se transmite por inteiro e em igual medida a cada uma; é a diversidade das coisas chamadas a participar que torna diversas as expressões do exemplar único, total e idêntico. Se a matéria, por exemplo, é mole e plástica, lisa e virgem, se sua consistência não é assaz sólida, nem sua fluidez assaz líquida, a marca do selo será pura, *[644 C]* clara e durável; se, ao contrário, lhe falta alguma das qualidades mencionadas, esta será a causa de

---

Porém, existe também uma divina distinção em um outro sentido que é o proceder de Deus, pela multidão da sua bondade, em direção à multiformidade da criação invisível e visível. Mas as operações da providência e da bondade que dizem respeito à criação são comuns à unidade (*henádos*) de três hipóstases e também distintas, porque da trindade rainha do universo participam os seres que são capazes de participar dela, sem que contenham, todavia, e sem que dela participem" (PG 4, 221 A-B).

²⁹ "Segundo a substância, as coisas não podem nem participar da divindade nem abarcá-la, mas participam dela na medida em que todas, graças a ela, existem e por ela são conservadas na existência" (PG 4, 221 C).

uma marca reproduzida de modo confuso e obscuro e de todas as outras que lhe sobrevirão em consequência de sua inaptidão à participação. *[53]* No que tange à ação benéfica de Deus em relação aos homens, é preciso definir uma outra distinção: só o Verbo supersubstancial assumiu total e verdadeiramente por nós e como nós a natureza do ser, e fez e sofreu todas as coisas que são próprias e particulares da nossa humanidade assumida, por obra divina. De fato, o Pai e o Espírito nada tiveram em comum com estes atos em nenhum sentido, a menos que se diga que esses atos foram desejados por causa do bem e do amor aos homens e em conformidade a toda obra superior e inefável que o imutável, tornado semelhante a nós, fez enquanto Deus e Verbo de Deus. Assim também *[644 D]* procuramos com o raciocínio unir e distinguir as coisas divinas, tais quais são, em Deus, unidas e distintas.

§7. *[54]* Mas as causas, dignas de Deus, dessas uniões e distinções que encontramos na Escritura, nós as expusemos *[645 A]* nas *Instituições teológicas*, fazendo distinções particulares em torno de cada uma delas, segundo as nossas forças: algumas nós tínhamos deduzido e explicado de modo lógico e verídico, aplicando uma inteligência santa e tranquila a essas evidências; às outras, ao contrário, enquanto repletas de mistério, nós nos unimos, acima de toda operação intelectual, segundo a divina tradição. *[55]* De fato, todas as coisas divinas e aquelas que se tornaram manifestas se conhecem somente através das participações, mas o que elas podem ser em si mesmas na propriedade de seu princípio e seu fundamento é algo que supera toda inteligência, toda substância[30] e toda ciência. *[56]* Por exemplo, se a obscuridade supersubstancial de Deus chamamos ou vida ou substância ou luz ou palavra, em outra coisa não pensamos senão nas potências[31] que dele descem em nossa direção, a fim

---

[30] A expressão *pasan ousian* significa aqui todo o ser criado.

[31] Dionísio declara que os nomes divinos são "potências" (*dynámeis*) que procedem de Deus para divinizar-nos, dar-nos o ser, vivificar-nos, dar-nos a sabedoria. Podemos verificar em um quadro as potências que correspondem aos diferentes nomes no tratado *Dos nomes divinos*: mônada (DN I, 589 D: potência de uni-

de nos divinizar, ou nos substancializar, ou nos vivificar, ou também nos regalar a sabedoria[32]. Na verdade, aproximamo-nos desta obscuridade graças à cessação de toda atividade intelectual, sem ver nenhuma *[645 B]* deificação ou vida ou substância divina que seja conforme à causa que é separada de todos os seus efeitos por sua total transcendência. *[57]* Além disso, recebemos das Escrituras que o Pai é a divindade originária, que Jesus e o Espírito são, por assim dizer, germes divinos pululantes da divina fecundidade e semelhantes a flores e luzes supersubstanciais, como, porém, isto acontece não se pode nem dizer nem pensar.

§ 8. Acrescentemos que toda a potência da nossa capacidade intelectiva se limita a compreender que do princípio paterno e filial que transcende todas as coisas *[645 C]* são concedidas a nós e às potências supracelestes toda paternidade e filiação divina graças às quais as inteligências deiformes recebem o ser e são chamadas deuses, filhos de deuses, pais de deuses. Trata-se evidentemente de uma paternidade e

---

ficação); raio supersubstancial (DN I, 593 A: potência incompreensível); bem (DN IV, 696 B: potências anagógicas); bem-Sol (DN IV, 700 B: potência de ver); *éros* (DN IV, 712 A: potência extática); luz inteligível (DN IV, 701 B: potência iluminadora), etc. A definição do nome como "potência" encontra-se no *Comentário ao Crátilo de Platão* de Proclo (*Procli Diadochi in Platonis Cratylum commentaria*, ed. G. Pasquali. Lipsiae, Teubner, 1908). Dionísio retoma as grandes teses de Proclo sobre a linguagem: 1ª Cada nome divino tem uma potência, e esta potência é transformante, de maneira que os nomes realizam o que nomeiam ou significam; por exemplo, a sabedoria torna sábio; a divindade diviniza; 2ª A potência, que procede de Deus ou da união divina, opera convertendo aqueles que dela participam para Deus e para si próprios; por essa razão, o movimento de conjunto do tratado *Dos nomes divinos* não pode ser senão um grande movimento de processão-conversão da união ao uno, ou do bem ao bem. Sobre os liames objetivos entre Dionísio e Proclo, cf. sobretudo H. -D. SAFFREY, *Recherches sur le néoplatonisme après Plotin*. Paris, Vrin, 1990, 235-248.

[32] A oração é construída com a preposição *eis* e uma série de termos no acusativo: *ektheotikás* (do verbo *ektheóo* ou "divinizar"), *ousiopoioús* (de *ousía* + *poiéo* ou "fazer ou constituir a substância", donde vem a tradução "substancializar"), *zoogónous* (do verbo *zoogonêo* ou "vivificar, engendrar"), *sophodórous* (de *sophía* + *dídomi* ou "dar sabedoria").

filiação realizadas pelo Espírito, sem corpo, sem matéria, mas de modo inteligível, na medida em que o Espírito teárquico está acima de toda imaterialidade e divinização que se possa pensar, e o Pai e o Filho são separados de modo extraordinário de toda paternidade e filiação divinas[33]. Não existe, porém, perfeita semelhança entre as causas e as coisas causadas, mas as coisas causadas trazem em si mesmas as imagens recebidas das causas, enquanto as causas em si permanecem separadas dos efeitos e os transcendem em razão de sua própria natureza de princípio. Para usar imagens humanas, digamos que os prazeres e as dores produzem o gozo e o sofrimento, mas em si mesmos *[645 D]* eles não se alegram e nem sofrem, e do fogo que esquenta e que queima não se pode dizer que queime e esquente a si mesmo; se alguém diz que a vida-em-si vive e que a luz-em-si é iluminada, segundo o meu raciocínio, fala incorretamente, a não ser que entenda com isso, segundo uma outra interpretação, que as qualidades dos efeitos preexistem abundante e supersubstancialmente nas causas.

§ 9. *[59] [648 A]* Ao contrário, aquilo que expressa de modo melhor tudo aquilo que se pode dizer de Deus, isto é, a divina formação[34] de Jesus segundo a nossa natureza, é inefável para qualquer língua e incognoscível para qualquer inteligência, até mesmo para o primeiro dos anjos mais veneráveis. Que ele tenha assumido uma substância humana,

---

[33] Chama a atenção o modo de falar de paternidade e filiação divina a propósito dos homens. Os dois termos, porém, são compreendidos em sentido diverso quando dizem respeito a Deus. Segundo a teologia clássica, Jesus Cristo é Filho de Deus "por natureza", ao passo que os homens são filhos de Deus "por adoção". A filiação divina (adotiva) dos homens depende, portanto, da filiação divina (natural) de Jesus Cristo.

[34] Dionísio foi o primeiro a utilizar o termo *theoplastía* ou "divina formação" na discussão sobre a encarnação divina. A expressão indica a concepção e o nascimento virginal, e Dionísio percebe claramente que a mais alta manifestação de Deus é a encarnação (cf. a expressão *tò páses theologías ekphanéstaton*, que para o autor significa a expressão mais alta daquilo que se pode dizer de Deus), mas depara com certas dificuldades ao inseri-la no esquema neoplatônico de acordo com o qual, na verdade, pretende pensar o cristianismo.

nós o aprendemos como um mistério, mas ignoramos como tenha sido plasmado pelo sangue de uma virgem segundo uma lei diversa daquela natural, e como pôde atravessar a pé enxuto as águas líquidas, embora este pé tivesse uma massa corpórea e um peso material, e como tenha feito as outras coisas que são próprias da natureza admirável de Jesus.

[60] Mas essas coisas foram suficientemente tratadas por nós em outros lugares e foram celebradas pelo nosso nobre mestre de modo admirável em seus *Elementos teológicos*, quer as tenha recebido dos escritores sagrados, quer as tenha extraído mediante uma investigação científica das Escrituras depois de muito *[648 B]* exercício e prática, quer tenha sido iniciado por uma inspiração mais divina, depois de ter não só aprendido mas também experimentado as coisas divinas[35] e, se assim se pode afirmar, depois de se ter tornado perfeito graças à sua simpatia com elas na misteriosa união e na fé oculta que não se pode aprender daquelas mesmas coisas. E para citar brevemente as muitíssimas e bem-aventuradas visões da sua mente excelente, eis o que ele diz de Jesus nos *Elementos teológicos* que compôs.

§ 10. *[61] [648 C]* A causa de todas as coisas e aquela que preenche tudo é a divindade do Filho, que mantém as partes em harmonia com o todo, não sendo nem parte nem todo, e sendo todo e parte, na medida em que compreende em si mesma, domina e possui por antecipação a

---

[35] Segundo Dionísio, existem três fontes do conhecimento religioso. Assim, Hieroteu chegou a conhecer o objeto de seu ensinamento porque o aprendeu ou dos sagrados teólogos – ou melhor, dos escritores sagrados, segundo o significado comum do termo *theológoi*, que aqui se refere aos apóstolos –, ou por meio de uma investigação das palavras divinas, ou em virtude de uma inspiração divina. Para alcançar essas três fontes de conhecimento, existem diversos procedimentos. Assim, aquilo que se aprende dos "teólogos" é recebido como um bem transmitido (cf. *pareílephen*, verbo usado desde o apóstolo Paulo para indicar o acolhimento do dado revelado); aquilo que se conhece graças à reflexão sobre a palavra de Deus, depois de muito exercício, se conhece confrontando as diversas partes (cf. *syneóraken*); aquilo que se conhece mediante revelação divina direta é também uma experiência que produz uma simpatia com a realidade conhecida e conduz à união (cf. *ou mónon mathòn, allá kaì pathòn tà theía; kak tês pròs autà sympatheías*).

parte e o todo de todas as coisas. *[63]* É perfeita nas coisas imperfeitas enquanto princípio de perfeição, mas é imperfeita nas coisas perfeitas como aquela que supera e precede a perfeição[36]. É forma que dá forma nas coisas sem forma enquanto princípio da forma, mas é privada de forma em tudo o que tem forma na medida em que transcende toda forma. *[65]* É substância que entra sem mancha em todas as substâncias e, enquanto supersubstancial, é separada de toda substância. *[66]* Define todos os princípios e todas as ordens e é colocada acima de todo princípio e de toda ordem. *[67]* É medida e perpetuidade de todas as coisas e está acima da perpetuidade e antes da perpetuidade. *[68]* É abundante nas coisas carentes; superabundante, nas coisas abundantes[37]. *[69]* É inefável, indizível, acima da inteligência, da vida *[648 D]*, da substância; contém o sobrenatural de modo sobrenatural[38], e o supersubstancial, de maneira supersubstancial *[70]*. Daí, pelo seu amor à humanidade, veio até a natureza humana e verdadeiramente assumiu a substância humana, e o superdivino foi chamado homem – sejam-nos propícias essas maravilhas que celebramos como acima da inteligência e da palavra! –, e conservou, entretanto, nesse estado, aquilo que é sobrenatural e supersubstancial, não somente porque, sem mudança[39] *[649 A]* e sem

---

[36] Portanto, imperfeito no sentido de que está acima da perfeição.

[37] "Como acima disse imperfeita entre os perfeitos, assim aqui diz superabundante nas coisas abundantes. Portanto, imperfeita deves entender no sentido de superperfeita entre as coisas perfeitas" (PG 4, 229 B).

[38] Excepcionalmente traduzimos o termo grego *hyperphyés* por sobrenatural, isto é, acima dos seres criados; de modo geral, traduzimo-lo por admirável, na medida em que indica o modo extraordinário pelo qual Jesus realizou as obras humanas (cf. *Epistula* IV).

[39] "Observa que se colocou em comunhão conosco sem mudança e sem confusão e sem nada sofrer; observa que nos comportamentos próprios da nossa natureza permaneceu sobrenatural, e nas propriedades da nossa substância permaneceu supersubstancial, e que tinha as nossas propriedades de modo superior a nós, como o nascimento de uma virgem, a impecabilidade, o falar e o fazer todas as coisas na potência de Deus, o caminhar sobre as águas e todas as coisas semelhantes" (PG 4, 229 C).

confusão, participou da nossa natureza sem nada padecer em sua superabundância por causa de seu inefável esvaziamento[40], mas também porque, coisa que entre todas as coisas novas é a mais nova, era superior à substância naquilo que a nossa substância comporta, de nós possuindo soberanamente acima de nós tudo o que é nosso[41].

§ 11. *[71]* Até aqui basta sobre este argumento. Retornemos ao escopo do discurso e expliquemos os nomes comuns e unidos da distinção divina, conforme nos seja possível. *[72] [649 B]* E, para definir claramente as partes sucessivas, dizemos que se chama distinção divina o conjunto dos procedimentos benéficos da divindade. De fato, concedendo a todos os seres e espargindo do alto as participações de todos os bens, ora se distingue na unidade, ora se multiplica na sua unidade e toma múltiplas figuras sem separar-se da unidade. *[73]* Por exemplo, assim como Deus, que existe de modo supersubstancial, mas concede o ser às criaturas e produz todas as substâncias, assim se diz que aquilo que é uno se multiplica porque são muitos os entes que provêm dele, que, todavia, permanece uno em sua multiplicação, unido neste processo e completo na distinção, pelo fato de que é separado de modo supersubstancial de todos os seres, seja pelo modo singular[42] de produzir todas as coisas, seja pela atitude inalterada de liberalizar seus inesgotáveis dons. *[649 C]*. *[74]* Mas, sendo uno e comunicando o uno a cada parte e ao todo, ao uno e ao múltiplo, é igualmente uno de modo supersubstancial, porque ele não é nem uma parte do múltiplo, nem uma totalidade

---

[40] Isto é, conservou a sua perfeita natureza divina também depois da encarnação, que aqui é designada por *kénosis* ou esvaziamento, em referência a Fl 2, 7.

[41] Procura-se demonstrar com tais dizeres que Jesus Cristo, além de ser Deus, é homem com propriedades humanas admiráveis.

[42] "Diz modo singular de produzir todas as coisas para indicar que as criaturas foram criadas ou vieram à existência no momento em que foi decidido por Deus, e não paulatinamente e parte por parte. Mas esta comunicação não conduz à diminuição, porque Deus, ao criar todas as coisas, não compromete a integridade de nenhum de seus bens" (PG 4, 232 A-B).

formada de partes singulares, de tal modo que neste sentido não é o uno, nem participa do uno, nem contém em si mesmo o uno; mas, longe dessas coisas, é uno além da unidade que está nos seres e, multidão indivisível, superplenitude inesgotável, produz, perfaz e contém toda unidade e multidão. *[75]* Além disso, é verdade que muitos se tornam deuses graças à deificação que Deus realiza em cada um segundo a capacidade de cada um de assemelhar-se ao divino, razão pela qual parece haver e se diz haver uma divisão e multiplicação do único Deus; mas ele, não obstante, é o Deus primeiro e o Deus supremo, o Deus supersubstancialmente uno, indivisível nas partes, unido a si mesmo, não misturado e não multiplicado com os muitos. É nesta verdade que, de modo admirável, pensou o mestre comum a nós e ao nosso preceptor, *[649 D]* o guia que nos conduzia à luz divina; ele, que é muito rico de sabedoria e luz do mundo, fala esta linguagem por inspiração divina em seus escritos sagrados: "De fato, se existem seres chamados deuses no céu e sobre a terra – visto que existem vários deuses e vários senhores –, para nós não existe senão um único Deus, o Pai do qual tudo procede e para o qual nós procedemos, *[652A]* e um só senhor, Jesus Cristo, pelo qual tudo existe e pelo qual nós existimos" (1Cor 8, 5-6). *[76]* De fato, nas operações divinas as uniões vencem e precedem as distinções e não são menos unidas, quaisquer que sejam as distinções no interior do uno, pois essas mesmas distinções são indivisíveis e unificadas. *[77]* Procuraremos celebrar, segundo a nossa possibilidade, essas distinções comuns e unidas de toda a divindade, ou seja, as suas processões benéficas a partir dos nomes divinos que nos revelam as Sagradas Escrituras. Esteja, porém, bem claro o seguinte fato, como já foi dito: todo nome divino correspondente a um dom de sua bondade, a qualquer das hipóstases divinas que se aplique, pode estender-se sem escrúpulo à totalidade da trindade divina.

CAPÍTULO III

Qual o valor da oração, e acerca do bem-aventurado Hieroteu, e acerca da reverência e da Sagrada Escritura

§ 1. *[78] [680 B]* E, em primeiro lugar, se parece oportuno, consideremos o apelativo "bom", perfeita manifestação de todas as comunicações divinas, invocando a trindade que é fonte de todo bem mas que transcende o mesmo bem[43] e revela todas as excelentes providências regaladas por ela. *[79]* De fato, é necessário, antes de tudo, elevar-nos pela oração até ela, como que até o princípio do bem, e, aproximando-nos dela mais e mais, receber a iniciação dos dons perfeitamente bons que nela residem. *[80]* De fato, ela está presente a todas as coisas, mas todas as coisas não residem nela. Quando a invocarmos com santíssimas orações, com uma inteligência límpida e com a atitude que convém à união divina, então nós também residiremos nela. De fato, ela não está em um lugar para estar ausente de um outro ou para passar de um lugar a outro lugar *[82]*, mas afirmar que ela se encontra em todos os seres significa permanecer fora da infinidade que ultrapassa e contém todas as coisas. *[83] [680 C]* Portanto, esforcemo-nos por elevar-nos pela oração até a mais sublime consideração dos raios divinos e salutares, *[84]* como

---

[43] Com o termo "bem" traduzimos a palavra grega *hyperágathos*; cf. MT I, 1017 A.

se, agarrando sempre à frente com as mãos, primeiro com uma e depois com a outra, uma cadeia muito luminosa que pendesse do alto do céu mas descesse até aqui, parecêssemos trazê-la para baixo, e, na realidade, não conduzíssemos para baixo a ela, que está presente tanto lá no alto como aqui embaixo, mas nós mesmos fôssemos conduzidos para o alto, até os esplendores mais elevados dos raios muito luminosos. *[85]* Ou ainda, se, tendo subido em um barco, tivéssemos nas mãos, para nos socorrer, cordas presas a uma rocha, não é para nós que traríamos a rocha, mas para a rocha puxaríamos a nós mesmos e ao barco. E se, inversamente, estando num barco, *[680 D]* alguém esbarrasse numa rocha marinha, nada faria contra ela, que é estável e imóvel, mas se afastaria dela, e, quanto mais exercesse pressão sobre a rocha, tanto mais ela o repeliria *[86]*. E por essa razão, antes de tudo, e particularmente antes de falar de Deus, é necessário começar pelas orações, não para atrair a nós esta força que está presente em todos os lugares e em nenhuma parte, mas a fim de que, por meios de comemorações e invocações, possamos colocar-nos em suas mãos e unir-nos a ela.

§ 2. *[87] [681 A]* Este tratado tem necessidade talvez de uma justificação, porque, se bem que nosso preceptor Hieroteu[44] tenha composto os *Elementos teológicos* de modo admirável, nós, em vez de nos contentar com estes, escrevemos outras obras, e particularmente este presente tratado sobre Deus. *[88]* Na verdade, se o meu mestre tivesse pensado em tratar completamente todas as questões concernentes à divindade e tivesse explicado com brevíssimos comentários cada capítulo de tudo aquilo que diz respeito a Deus, nós certamente não teríamos chegado a tal ponto de loucura e de insensatez que pensássemos poder penetrar os divinos mistérios de maneira mais perspicaz e mais divina do que

---

[44] Hieroteu é mestre de Dionísio e discípulo de Paulo (cf. DN II, 648 A-B, e nesse mesmo capítulo os parágrafos 2-3, 681 A - 684 D). Como se afirma no próprio texto, ele é autor de uma obra intitulada *Elementos teológicos* (cf. DN II, 648 C - 649 C) e de um escrito sobre os *Hinos de amor*, que provavelmente seria um comentário ao *Cântico dos cânticos* (cf. DN IV 14).

ele, ou, dizendo duas vezes as mesmas verdades de modo supérfluo, ao mesmo tempo nos desgastássemos e ofendêssemos aquele que é tanto mestre como amigo meu. De fato, assim nós, que fomos instruídos, depois das lições do divino Paulo, pelos escritos dele, nos apoderaríamos de sua nobilíssima contemplação e interpretação. Na realidade, *[681 B]* explicando sabiamente as coisas divinas, ele expôs a nós definições fundamentais, resumindo muitas verdades em uma só fórmula, e tudo se passou como se quisesse exortar a nós e àqueles que são mestres das almas há pouco iniciadas, explicar e distinguir com um discurso adaptado à nossa capacidade as significações fundamentais e condensadas na unidade da potência profundamente intelectual daquele grande homem. E muitas vezes tu também nos exortaste a dita obra e nos reenviaste o mesmo livro, julgando-o uma obra assaz elevada; por essa razão, nós também reservamos o mestre dos pensamentos perfeitos e veneráveis para uma elite, como uma espécie de segunda Escritura acrescentada aos oráculos de Deus. Quanto a nós, nossa tarefa consistirá em transmitir as coisas divinas às inteligências que permanecem em nosso nível. Se, de fato, é próprio dos perfeitos um alimento sólido, qual perfeição nos é preciso para nutrir com este alimento os demais? *[89]* Dissemos, portanto, justamente *[681 C]* que, para captar com um só olhar o sentido intelectual das Escrituras e para ensinar aos outros o produto de uma tal contemplação, é preciso uma virtude consumada, mas a ciência e a disciplina dos discursos que conduzem a essas alturas convêm a mestres e a discípulos de uma menor santificação. *[90]* Assim tomamos o cuidado extremo de não tocar jamais nos problemas tratados por aquele divino preceptor com uma explicação lúcida, a fim de evitar uma repetição no que tange à explicação de uma passagem já feita por ele. *[91]* De fato, junto também aos nossos próprios pontífices inspirados por Deus, ele superava, depois dos teólogos, como tu sabes, todos os outros santos iniciadores. Tu não ignoras que outrora nós mesmos, tu e muitos dos nossos santos irmãos nos reuníamos para ver o corpo que é fonte de vida e morada de Deus, e estavam presentes também Tiago, irmão do Senhor, e Pedro, chefe e decano *[681 D]* e o mais venerável dos teólogos, e, em seguida, pareceu oportuno que, depois da visão, que todos os pontífices, segundo a possibilidade de cada um, celebrassem a bondade infinitamente potente da fraqueza que é princípio de divinização[45]. Estando todo extasiado, estando todo fora de si, padecendo a comunhão com as coisas que cantava, *[684 A]* parecia então àqueles que o ouviam e viam, quer o conhecessem quer não, um arauto divino inspirado por Deus. Mas por que razão deverei recordar aqui tudo o que, naquela reunião, foi dito de Deus? Se minha memória é boa, sei que frequentemente aprendi de tua boca algumas partes dos hinos inspirados por Deus, e tamanho é teu zelo em tratar das coisas divinas não superficialmente.

§ 3. *[92]* Mas deixemos de lado esses ensinamentos secretos, que são assim inexprimíveis para a multidão e que te são familiares. *[684 B]* Quando se tratava de entrar em contato com a multidão e com todos aqueles que era possível conduzir ao nosso santo conhecimento, ele superava a maior parte dos sagrados mestres – quer pela sua experiência diuturna, quer pela pureza da sua mente, quer pela exatidão das demonstrações, quer, enfim, pelos outros dotes que concernem à interpretação das Sagradas Escrituras –, de modo que nós jamais ousamos ver face a face este tão grande sol. *[93]* De fato, temos consciência de que não conseguimos compreender suficientemente as coisas inteligíveis relativas a Deus, nem expressar e dizer aquilo que se pode dizer do conhecimento divino. Porém, estando longe, permanecemos inferiores à ciência dos homens divinos sobre a divina verdade, porque nos aproximamos com respeito superior que recusaríamos ouvir de algum modo ou dizer algo acerca da filosofia divina, se não tivéssemos compreendido que não convém *[684 C]* negligenciar a medida acessível do conhecimento divino. E a isto nos persuadiram não somente os desejos naturais das inteligências que almejam sempre ardentemente a contemplação das

---

[45] Literalmente, "fraqueza teárquica". O rebaixamento voluntário do Filho de Deus, que se fez homem como todos os outros, em tudo e para tudo, exceto no pecado, torna-se princípio da deificação, isto é, da adoção filial de todos os homens que os faz retornar à condição filial originária (cf. PG 4, 236 C - 237 B).

coisas admiráveis, segundo é lícito, mas também a excelente disposição das leis divinas, que, impedindo-nos de interessar-nos curiosamente pelas coisas que estão acima de nós, que superam o nosso mérito e a nossa capacidade de compreender, nos prescrevem ao mesmo tempo aprender com toda diligência e comunicar benignamente aos outros todas as coisas que nos foram outorgadas e concedidas[46]. *[94]* Portanto, nós também, acreditando nesses deveres, sem deixar-nos fatigar ou espantar na indagação lícita das coisas divinas, mas recusando deixar sem socorro todos aqueles que são incapazes de atingir contemplações que ultrapassam o homem, nos dedicamos a escrever, não ousando introduzir nada de novo, mas discernindo e manifestando, com observações mais meticulosas que dizem respeito a cada uma *[684 D]* das partes, aquelas coisas que foram ditas de modo breve por aquele que é verdadeiramente Hieroteu.

---

[46] Esta passagem revela o espírito com o qual Dionísio escreve as suas obras. Nos homens, dotados de inteligência, é inato o desejo de conhecer as verdades sobrenaturais; por essa razão, a indagação sobre a revelação é plenamente justificada. Porém, a inteligência criada deve estar consciente de seus limites; por essa razão, deve indagar com respeitoso sentido de medida e comunicar de bom grado aos outros aquilo que paulatinamente compreende. A propósito, diz o escoliasta: "Não se deve investigar acima das nossas forças nem negligenciar o conhecimento divino, mas comunicar aos outros aquilo que se compreendeu. De fato, foi dito: 'Não perscrutes coisas muito elevadas, mas considera aquilo que te foi ordenado' (Eclo 3, 21-22)" (PG 4, 237 C-D).

CAPÍTULO IV

Do bem, da luz, do belo, do amor, do êxtase, do zelo, e de que o mal não é um ser, nem deriva do ser, nem existe nos seres[47]

§ 1. *[95] [693B]* Prossigamos agora com a explicação da denominação "bem", que os autores sagrados atribuem exclusivamente à divindade superdivina, separando-a de todas as outras coisas, chamando, creio eu, bondade a própria existência teárquica e afirmando que, por ser o bem enquanto bem substancial, difunde a sua bondade em todos os seres. *[96]* De fato, como o nosso sol, sem reflexão nem livre escolha, mas pelo fato mesmo de que existe, ilumina as coisas que podem, segundo a sua medida, participar da sua luz, assim também o bem, superior ao sol como o arquétipo incomparável, superior à imagem obscura, a supera, com a sua própria existência envia os raios da sua bondade absoluta, de uma

---

[47] É o capítulo mais longo do tratado; divide-se em duas partes, que são assaz diversas, seja pelo argumento, seja pelo tom e linguagem. A primeira parte (parágrafos 1-17) apresenta a explicação do nome divino que é bem, assim como de outros nomes correlatos, que são luz, belo ou beleza, amor (com os termos gregos *éros* e *agápe*). A segunda parte (parágrafos 18-35) contém a doutrina sobre o mal, isto é, sobre como conciliar a causalidade universal do bem, do qual deriva a bondade de todas as coisas, e a existência dos anjos maus?

maneira proporcional, a todos os seres[48]. *[97]* É por causa desses raios que subsistem todas as substâncias, as potências e as operações[49], inteligíveis e inteligentes[50]; *[98]* é por eles que existem todos os seres que têm *[693C]* uma vida sem fim e sem diminuição, livres de toda destruição, da morte, da matéria e da geração, afastados da alteração instável, móvel e sempre geradora de novas diversidades, e possuem uma intelecção que não é deste mundo e conhecem por iluminação as razões próprias de todos os seres *[696 A]* e transmitem aos seus congêneres seu próprio saber. *[100]* E é igualmente à bondade que eles devem a sua morada (*monê*) e também a sua estabilidade, a sua duração, a sua conservação e a fruição dos bens. *[101]* E, tendo para esta bondade, atingem o ser e o estado de perfeição e, modelados à semelhança desta, quanto lhes é possível, tornam-se imagem do bem e, como a lei divina prescreve, comunicam aos seres inferiores os dons que receberam do bem[51].

---

[48] O paralelo entre o bem metafísico e o sol remonta sobretudo a Platão (*República* 507 b - 509 c). Segundo Platão, esta célebre analogia entre a ideia do bem e o sol contém basicamente os seguintes pontos: 1° Assim como o olho só pode ver um objeto visível se um terceiro elemento, a luz, derivado do sol, estiver presente, assim a mente só pode captar um objeto inteligível, a ideia, se ambos forem iluminados pelo bem (508 d-e); 2° Assim como o sol não somente torna visíveis as coisas mas é responsável pela geração e crescimento delas, assim o bem não só torna inteligíveis as ideias mas sustenta o ser delas (509 b); 3° Assim como o sol, além de tornar a visibilidade possível, é ele próprio visível, assim o bem é inteligível (508 b-c); 4° Assim como o sol proporciona (*parékhei*) geração e crescimento, mesmo não estando ele mesmo implicado na geração, assim o bem não é ele mesmo uma essência, mas está acima do ser em dignidade e poder (509 b). A comparação entre o bem e o sol, que "pelo fato mesmo de ser" (*tôi eînai*) envia seus raios sobre todos os seres, vem de Proclo e está na origem do adágio latino: *bonum diffusiuum sui*.

[49] Trata-se dos nove coros das três hierarquias celestes (cf. CH 205 B; 237 B; 257 B).

[50] Isto é, os anjos.

[51] Na recepção-transmissão da luz de uma ordem à outra da hierarquia celeste, repete-se o movimento geral: 1° Na processão (*próodos*), as ordens recebem os raios enviados e, por iluminação, as razões dos seres de uma maneira proporcionada; 2° Na permanência (*monê*), devem à bondade sua morada; 3° Na conversão (*epistrophê*), é tendendo para o bem que alcançam o ser e o estado de perfeição.

§ 2. *[102]* É da bondade que derivam os ordenamentos supracósmicos, as suas uniões, as suas relações recíprocas e as distinções não confusas e o poder dos seres inferiores *[696 B]* de tender para os superiores, e a providência dos antigos sobre os subordinados, e o cuidado com os atributos de cada potência e as involuções irreversíveis em torno de si mesmos, e as imutabilidades e elevações acerca do desejo do bem[52], e todas as outras coisas que por nós foram ditas no livro sobre as *Propriedades das ordens angélicas*[53]. *[103]* Tudo o que concerne à hierarquia celeste, ou seja, as purificações dignas da hierarquia celeste, as suas iluminações que não são deste mundo, o acabamento de toda perfeição angélica[54], tudo isto provém da bondade que é a causa universal e a fonte *[104]*; desta lhes foi concedido assemelhar-se à bondade, revelar em si mesmos a bondade escondida e tornar-se verdadeiramente anjos, enquanto anunciadores do silêncio divino[55] e colocados, por assim dizer, como luzes esplendentes que interpretam aquele que está em um lugar inacessível. *[696 C] [105]* Mas depois daqueles espíritos sacrossantos, as almas também e os bens próprios das almas existem por causa da bondade infinitamente boa; é graças ao bem que elas são dotadas de

---

[52] A composição da potência anagógica ou ascendente, da providência sempre ascendente das uniões em relação a si próprias e das evoluções irreversíveis em torno de si mesmas esboça o movimento helicoidal. Tal movimento de subida em direção à luz, de aspiração ao bem, de comunicação da luz com os seres da mesma ordem e de providência para com os inferiores encontra-se várias vezes no *Dos nomes divinos* (cf. DN IV, 708 A; 709 D; 713 B).

[53] Dionísio faz referência a um outro tratado que nos é desconhecido. O conteúdo pareceria o mesmo de CH; mas devemos considerá-lo distinto porque, segundo a cronologia que se infere do *corpus*, ele deveria ter sido composto antes da *Teologia simbólica*, que, por sua vez, seria anterior a CH; cf. R. ROQUES, *Structures théologiques...*, 131.

[54] Anteriormente os anjos foram considerados na sua relação recíproca e na sua relação com Deus; agora são indicadas as suas atividades de purificação, iluminação e perfeição em relação aos homens. O escoliasta cita Is 6, 6-7 e Ez 2, 8-9 para a obra de purificação, e Dn 10-11 para a obra de perfeição, e o *Pastor* de Hermas (PG 4, 241 D).

[55] Por "silêncio divino" entende-se a divindade inefável; cf. DN IV 22, 724 B.

intelecção⁵⁶, que têm uma vida substancial, incorruptível, o fato mesmo de existir, e podem aspirar à vida mesma dos anjos, conduzidas como que por excelentes guias até a bondade fonte de todo ser, participando assim, segundo a medida de suas forças, dos raios que jorram do alto e recebendo, segundo a sua capacidade, o dom da bondade, e todas as outras coisas que por nós foram enumeradas no tratado *Sobre a alma*⁵⁷. *[108]* Mas podemos ir mais longe ainda, e se é necessário falar também das almas irracionais ou dos animais – daqueles que percorrem o ar ou caminham sobre a terra ou rastejam sobre o solo ou vivem nas águas ou vivem de modo anfíbio ou vivem escondidos sob a terra e sob um monte de ruínas e *[696 D]* mais simplesmente de todos aqueles que têm uma alma ou uma vida sensível –, é ainda o bem que anima e vivifica todos esses seres. *[110]* E até mesmo a substância privada de alma e de vida existe em virtude da bondade, por cuja ação obteve o seu estado substancial⁵⁸.

§ 3. *[111] [697 A]* Mas se é verdade, como certamente é o caso, que o bem está acima de todos os seres, aquele que não tem forma dá todas as formas, e somente nele o ser privado de substância é a superação de toda substância, e a não-vida é superabundância de vida, e a não-inteligência é superabundância de sabedoria, e todas as coisas existentes no

---

⁵⁶ Literalmente, as almas são chamadas inteligentes (*noeroì*), e os anjos são ditos inteligíveis e inteligentes (*noetoì kaì noeroí*), porque não só são sujeito de intelecção, mas também objeto de intelecção para as ordens inferiores.

⁵⁷ Outra referência a um tratado que nós é desconhecido. Caso não seja fictício, podemos supor que neste tratado foram examinadas a natureza e as faculdades da alma. De fato, Dionísio fala da alma de dois modos, a saber: como tripartida (*noûs, thymós, epithymía*, em DN IV, 720 B-C; IX 5, 913 A) e como bipartida (*apathes, pathetikos*, em EP IX, 1108 A). Cf. R. ROQUES, *Structures théologiques...*, 130.

⁵⁸ "Estado substancial" é tradução de *héxis ousiódes*, que o escoliasta interpreta como "qualidade permanente". Isto significa que também os seres inanimados, graças ao bem, receberam de Deus qualidades que constituem o seu ser e não foram adquiridas de outro lugar (cf. PG 4, 244B-C). Notemos a estrutura hierárquica do universo: anjos, homens, animais, plantas e seres inanimados.

bem podem dar de maneira excelente as suas formas aos seres que não as têm, e, se é lícito dizê-lo, aquilo também que é privado de ser[59] tende para a bondade que é superior a todos os seres e tenta de algum modo estar no bem verdadeiramente supersubstancial enquanto prescinde de todas as coisas[60].

§ 4. *[112] [697 B]* Mas prosseguindo nosso discurso nós omitimos na metade do caminho ainda o seguinte: o bem é causa também dos princípios e dos limites celestes desta substância que não aumenta e não diminui e permanece completamente invariável e, se assim podemos dizer, é causa também dos movimentos da enorme evolução celeste, que sucedem sem rumor, e das ordens, das belezas, das luzes e das estabilidades das estrelas e dos vários cursos de algumas estrelas errantes e do retorno periódico aos seus pontos de partida das duas luminárias que a Sagrada Escritura chama grandes (cf. Gn 1, 16; Sl 136 (135), 7-9), por cujo curso são definidos os dias e as noites, e medidos os meses e os anos, que precisam os movimentos cíclicos do tempo e das coisas que estão submetidas ao tempo, os enumeram, os ordenam e os contêm[61]. *[113]*

---

[59] "Como pode o não-ser tender para o bem? Se não existe, como pode tender para alguma coisa? Respondamos que por não-ser entende o mal, como explica mais adiante, e que também aquilo que se diz mal existe para o bem" (PG 4, 244 C-D). Mas podemos também entender que aquilo que não tem uma forma certa, ou ainda, que existe sem uma forma certa, deseja atingi-la e, portanto, deseja o bem. Além disso, ainda se atribui esta expressão a Deus para indicar que está acima dos seres criados (cf. PG 4, 253 C - 256 A).

[60] Literalmente: "segundo a abstração (*apháiresis*) de todas as coisas", ou seja, enquanto prescinde de todas as coisas e as supera. *Apháiresis* é termo técnico que serve para indicar o caminho que conduz à união cognoscitiva com Deus.

[61] Cf. Gn 1, 14. Ao bem se atribui toda a ordem do universo. "Por princípios e limites celestes se deve entender a criação esferiforme, que subiste de maneira circular em torno de um ponto ou centro, que é a vontade de Deus, porque o movimento circular começa de si mesmo e termina em si mesmo. Diz que a substância celeste não pode nem aumentar nem diminuir, porque é perfeita e perfeitamente adequada ao seu ser. Ora, aquilo que é perfeito nem cresce nem diminui" (PG 4, 244 D - 245 A).

E que coisa diremos do raio solar tomado em si mesmo? A luz deriva do bem e é imagem da bondade; por essa razão, celebra-se o bem chamando-o luz *[697 C]* como o arquétipo que se manifesta na imagem. *[114]* Assim como, de fato, a bondade divina superior a todas as coisas penetra toda substância, desde as mais altas e mais antigas até as últimas, ainda que permaneça acima de todas, sem que as mais elevadas possam atingir a sua excelência e sem que as mais baixas escapem ao seu influxo, *[115]* mas ilumina, produz, vivifica, contém e aperfeiçoa todas as coisas aptas a recebê-la[62] *[116]* e é a medida, a duração[63], o número, a ordem, a custódia, a causa e o fim dos seres, *[117]* assim também a imagem onde se manifesta a bondade divina, isto é, este grande sol todo luminoso e sempre reluzente segundo a tênue ressonância do bem, ilumina todas aquelas coisas que são capazes de participar dele e tem uma luz *[697 D]* que se difunde sobre todas as coisas e estende sobre a totalidade do mundo visível, a todos escalões de alto a baixo, os esplendores dos seus raios, e, se alguma coisa não participa nesta irradiação, tal fato não se deve atribuir à sua obscuridade ou à insuficiência da distribuição da sua luz, mas às coisas que não tendem à participação da luz por causa de sua inaptidão em recebê-la. Na realidade, os raios, atravessando muitas das coisas que se encontram naquela situação, iluminam as coisas que os seguem, e não há nenhuma das coisas visíveis *[700 A]* que o sol não atinja, graças à grandeza excedente de seu próprio esplendor. *[118]*. Mas digamos mais: o sol contribui[64] para a geração dos corpos sensíveis e os move para a vida, os nutre, os faz crescer, os aperfeiçoa, os purifica e os renova, *[119]* e a luz é a medida e o número das horas e de todo o

---

[62] "Deus ilumina as coisas que podem compreender a sua totalidade segundo a medida que são capazes de acolher, e por isso é dito medida dos seres. Mas pode-se também entender que conhece o princípio e o limite de todas as coisas, como único criador, porque se faz conhecer abaixando-se" (PG 4, 245 D).

[63] Duração corresponde ao termo *aión*, que em outras passagens, em que indica a existência dos anjos, é traduzido por "eternidade"; cf. DN X, 937 C - 940 A.

[64] Como instrumento de Deus, e não porque tenha alguma capacidade intrínseca de dar a vida (cf. PG 4, 248 B-C; DN V, 820 A-C; 857 B).

nosso tempo. De fato, esta é a luz que, ainda que fosse informe, como diz o divino Moisés, tinha já definido os nossos primeiros três dias e, *[120]* como a bondade converte (*epistréphei*) tudo para si e é o princípio que reúne as coisas dispersas, como divindade que é ao mesmo tempo princípio do uno e princípio unificador, e todos os seres a desejam como princípio, sustento e fim, e o bem, como dizem as Escrituras, é aquele a partir do qual todas as coisas são e vêm à existência, como que deduzidas de uma causa perfeita, e no qual *[700 B]* todas as coisas subsistem, como que protegidas e contidas em um recesso onipotente, para o qual todas as coisas convergem, assim como para o limite próprio a cada uma, *[122]* o qual todas as coisas desejam: as inteligíveis e as racionais, por modo de conhecimento, e as sensíveis, por modo de sensação, e as privadas de sensibilidade, por um movimento inato de instinto vital, e as privadas de vida e que somente existem, pela simples participação na substância. *[123]* Assim, segundo o mesmo critério da imagem visível, a luz também reúne e converte para si todas as coisas que existem, que vêem, que são movidas, que são iluminadas, que são inflamadas, em suma, que são abarcadas pelos seus raios esplendentes. Por isso, o nome mesmo de sol, porque reúne todas as coisas e recolhe as coisas dispersas, e tudo o que é sensível o deseja, quer para ver, quer para mover-se e iluminar-se *[700 C]* e esquentar-se e, em suma, ser conservado pela luz. *[124]* E não afirmo, segundo a opinião dos antigos[65], que o sol é um deus e artífice de todo o criado e que por sua própria conta rege o universo visível, mas que depois da criação do mundo das coisas criadas se vêem e se compreendem as perfeições invisíveis de Deus, isto é, a sua potência e divindade eterna[66].

---

[65] Literalmente, "segundo a opinião" deveria traduzir-se por "segundo a doutrina (*lógos*)", que lembra a "sabedoria deste mundo" condenada por Paulo (cf. 1 Cor 1, 20; 3, 29). Depois do elogio do sol, assaz caro à religião pagã, Dionísio explica que não o considera um deus, mas somente uma criatura que revela, ao seu modo, as perfeições de Deus.

[66] Cf. Rm 1, 20, texto a que Dionísio alude também na Ep. IX 2, 1108 B, para justificar o uso dos símbolos extraídos da natureza.

§ 5. *[125]* Mas tudo isso pertence à *Teologia simbólica*; agora, ao contrário, devemos celebrar o bem sob o nome de luz inteligível, *[700 D] [126]* e é necessário dizer que aquele que é bom se chama luz inteligível pelo fato de que enche toda inteligência supraceleste com uma luz inteligível *[127]* e expulsa toda ignorância[67] e todo erro de todas as almas onde ele habita e a todas faz participar de uma luz sagrada *[128]* e purifica os seus olhos intelectuais da névoa colocada em torno delas por causa da ignorância, pois ele move e abre esses olhos fechados pelo grande peso das trevas. *[129]* E, antes de tudo, lhes regala uma luz moderada e, em seguida, *[701 A]* quando elas por assim dizer degustam a luz e aspiram a uma luz maior, as inunda com uma luz maior e as ilumina com grande abundância, porque o amaram intensamente, e as conduz sempre mais para o alto segundo a sua capacidade de elevarem-se.

§ 6. *[130]* Portanto, o bem superior a toda luz é chamado luz intelectual enquanto fonte de toda irradiação e efusão exuberante de luz que ilumina com a sua plenitude toda inteligência que vive acima do mundo, em redor do mundo e no mundo[68] e que renova completamente as suas faculdades intelectuais, que as contém todas em sua extensão, que as ultrapassa todas por sua transcendência; em uma palavra, abarca em si, supera e possui antecipadamente, enquanto *[701 B]* princípio de luz e superior à luz, todo domínio de virtude iluminativa, *[131]* e reúne todos os seres intelectuais e racionais, torna-os unidos. De fato, como

---

[67] "Ignorância" é tradução de *ágnoian*. Segundo Dionísio, há uma ignorância (*ágnoia*) que está aquém do conhecimento, e há uma ignorância (*agnosía*) que está acima do conhecimento: cf. DN VII, 872A. Este segundo tipo de "ignorância" não suprime a possibilidade do conhecimento de Deus através da analogia, na medida em que o "desconhecimento" é superior ao conhecimento.

[68] Em grego, temos as seguintes expressões: *pánta tòn hyperkósmion kaì perikósmion kaì egkósmion noûn*. Segundo o escoliasta, a passagem se referiria aos anjos, assim: as inteligências que vivem acima do mundo seriam as ordens angélicas que estão acima de todos os mundos e se dedicam exclusivamente ao serviço de Deus; aquelas que vivem em redor do mundo – no escólio, porém, lemos *epikósmioi*, isto é, aqueles que, como chefes do mundo, estão acima, e não em redor dele – são os anjos adaptados ao serviço dos mundos e ao seu governo, chamados

a ignorância divide aqueles que estão no erro, assim a presença da luz intelectual congrega e reúne os seres que ela ilumina, os torna perfeitos e os converte para aquele que existe na verdade, desviando-os de muitas opiniões incertas e reconduzindo os vários aspectos ou, para ser preciso, as várias imaginações para uma só ciência verdadeira, pura, uniforme e enchendo-os com sua luz única e unificadora.

§ 7. *[123] [701 C]* Este bem é celebrado pelos sagrados autores como belo e beleza, como amor e amado[69], sem mencionar todos os outros nomes divinos que convêm à formosura embelecedora e cheia de graça. *[133]* Seguramente, o belo e a beleza não se podem separar na causa que compreende todos os seres em um. *[134]* De fato, em todo ser nós distinguimos participação e participado e dizemos que é belo aquilo que participa da beleza, e a beleza é a participação que vem da causa que torna belas todas as coisas belas. *[135]* O belo supersubstancial é chamado beleza por causa da beleza que, de sua parte, é outorgada a todos os seres segundo a medida de cada um e porque, como causa da harmonia e do esplendor de todas as coisas, lança sobre todos, à maneira de luz, as efusões desta fonte irradiante que brota dele mesmo, chama a si mesmo todas as coisas – donde justamente se diz também beleza[70] – e reúne em si tudo no todo. *[136]* Deus é chamado belo porque é completamente belo e está acima *[701 D]* do belo *[137]* e "permanece sempre belo, uma

---

por alguns *kosmagogai*; aquelas que vivem no mundo são "os anjos e os homens que estão como chefes dos povos, das cidades, das igrejas e dos outros ordenamentos humanos" (PG 4, 249 D-252 A). Paquímeres identifica as inteligências que vivem acima do mundo com "as potências mais elevadas"; as que vivem em redor do mundo, com "os anjos enviados para o serviço e para o governo"; as inteligências que vivem no mundo com os homens que atingiram a sabedoria da plenitude do Verbo (cf. Jo 1, 16) (PG 3, 760 A). Esta divisão triádica era comum entre os neoplatônicos: cf. JÂMBLICO, *Os mistérios dos egípcios* 5, 19; 8, 8; JULIANO, *Discurso* IV, 157 D; SALÚSTIO, *Os deuses e o mundo* VI.

[69] Cf. 1 Jo 4, 8. 16 ("amor"); Mt 3, 17; 17, 5; Mc 1, 11; Lc 3, 22; 2 Pd 1, 17 ("amado").
[70] Cf. PLATÃO, *Crátilo* 416 c.

beleza idêntica a si mesma e constante, que não nasce e nem morre, não aumenta e nem diminui, pois não é em parte belo e em parte bruto, nem ora belo e ora feio, nem belo em relação a uma coisa bela e em relação a uma outra coisa bruta, nem tampouco belo em um lugar e bruto em outro, *[704 A]* como se pudesse ser belo para alguns e não belo para outros, mas, sim, é sempre belo de maneira uniforme em si mesmo e por si mesmo"[71], *[138]* e contém em si mesmo de modo supereminente a beleza fonte de toda coisa bela. Pois, na natureza simples e admirável de todas as coisas belas, preexistem segundo a causa, de maneira uniforme, toda beleza e tudo aquilo que é belo. *[139]* É este belo que deu a todos os seres o serem belos segundo a proporção de cada um, e por causa do belo existem os acordos, as amizades e as comunicações de todas as coisas, e no belo todas as coisas estão unidas. *[140]* O belo é princípio de todas as coisas enquanto causa eficiente, que move todas as coisas e as conserva juntas dando-lhes o amoroso desejo de sua própria beleza, e é o fim de todas as coisas e é digno de ser amado enquanto causa final, pois que todas as coisas nascem por causa do belo, e causa exemplar, porque todas as coisas se definem em referência ao belo. *[141]* De fato, sucede ao belo o mesmo que ao bem: *[704 B]* todas as coisas, qualquer que seja o motivo que as mova, tendem para o belo e para o bem, e não existe nenhum ser que não participe do belo e do bem. Ousaremos dizer até mesmo que o não-ser é partícipe do belo e do bem; de fato, ele torna-se belo e bem em si mesmo quando é celebrado supersubstancialmente em Deus pela negação de todo atributo. *[142]* Este único bem e belo é de modo único a causa de todas as coisas belas e boas, que são muitas. *[143]* Disto derivam todas as existências substanciais dos seres, *[144]* as uniões, as divisões, as identidades, as alteridades, as semelhanças, as dessemelhanças, as associações das coisas contrárias, as distinções das coisas unidas, *[145]* as providências dos seres superiores, as relações recíprocas dos seres iguais, as conversões dos seres inferiores e as estabilidades que conservam imutavelmente todos os seres sempre iguais a si mesmos.

---

[71] Cf. PLATÃO, *Banquete* 211 a-b.

[704 C] E assim também as associações de todas as coisas em todas as coisas segundo a propriedade de cada uma, os acordos, as amizades sem desordens, as harmonias do universo, o equilíbrio do conjunto, as conexões indissolúveis dos seres, as sucessões inextinguíveis das gerações, *[146]* todos os estados e movimentos das inteligências, das almas e dos corpos, já que para todos o estado e o movimento dependem daquilo que se encontra acima de todo estado e todo movimento, que funda cada ser na razão que lhe convém e que o move segundo o próprio movimento.

§ 8. *[147] [704 D]* Diz-se que as inteligências divinas se movem circularmente, se unidas às iluminações, que não têm princípio e fim, do belo e do bem, ou em linha reta, quando acedem à providência de seus inferiores e regulam todas as suas operações em linha reta, ou helicoidalmente[72], quando, ocupando-se dos seres inferiores, permanecem *[705 A]* em sua identidade sem mover-se, girando incessantemente em torno do belo e do bem, que é causa da sua fixidez.

§ 9. *[148]* O movimento da alma é circular quando, entrando em si mesma, se afasta do mundo exterior, quando reúne, unificando-as, suas faculdades intelectuais em uma concentração que as guarda de todo erro, quando se desprende da multiplicidade dos objetos exteriores para primeiramente recolher-se em si mesma e, em seguida, tendo atingido a unidade interior, unir-se às potências unidas singularmente[73], sendo

---

[72] É o movimento em espiral (*helix*), já evidenciado por Aristóteles, que o define como "misto" (cf. *Física* VIII 8, 261b, 28-29; *Sobre o céu* I 2, 268b, 17-18), e, daí, estudado por Arquimedes em uma obra dedicada a tal movimento (*Peri helikon*).

[73] Se interpretamos a passagem em sentido psicológico, identificando essas potências unidas com as potências da alma, devemos concluir que a alma se torna uniforme enquanto reúne todas as suas faculdades. Acontece, porém, que, segundo Dionísio, as almas chegam a Deus através dos anjos (cf. CH VIII, 240 D - 241 C; X, 260 B); por essa razão, é mais plausível identificar essas potências unidas com os anjos.

então conduzida a este belo-e-bem que está situado acima de todos os seres e permanece uno e idêntico sem princípio e sem fim. *[149]* A alma se move com um movimento helicoidal na medida em que é iluminada, segundo seu modo próprio, pelos conhecimentos divinos, não intelectualmente *[705 B]* e unitivamente, mas racionalmente e discursivamente e, por assim dizer, por atos complexos e progressivos[74]. *[150]* Enfim, seu movimento é longitudinal quando ela, em vez de entrar em si mesma e mover-se através de um simples ato intelectual, pois que este, como acabo de dizer, tem movimento circular, se volta para as coisas que estão ao redor dela e, apoiada no mundo exterior como num conjunto complexo de múltiplos símbolos, se eleva para contemplações simples e unificadas[75].

§ 10. *[151]* Desses três movimentos e daqueles sensíveis que acontecem neste universo e, mais ainda, das permanências dos estados e dos repousos de cada um é causa, conservador e termo o ser belo e bom que ultrapassa *[705 C]* todo estado e movimento; por essa razão todo movimento e todo repouso procedem dele e residem nele e tendem para ele existem por causa dele. *[152]* De fato, é a partir dele e graças a ele que as inteligências e as almas possuem substância e vida, e que tudo na natureza deve ser dito pequeno, igual, grande, medido, e que se determinam toda proporção, toda harmonia, toda mistura, e que universalmente se determinam o todo e a parte, o uno e o múltiplo, o liame das partes, a síntese das multiplicidades, a perfeição da totalidade, a qualidade, a quantidade, a grandeza, o infinito, a comparação, a distinção, e que se determina o princípio de todo infinito, de todo finito, de todo definido,

---

[74] Eis aqui a diferença entre o conhecimento próprio dos anjos e o das almas: os anjos conhecem intelectualmente e unitivamente (*noerôs kaì eniaíos*); as almas, racionalmente e discursivamente (*logikôs kaì diexodikôs*).

[75] O movimento retilíneo caracteriza a atividade de abstração e de construção dos conceitos; o movimento espiralar significa a atividade dialética e constitutiva de juízos e de construções; o movimento circular caracteriza a concentração da alma sobre si mesma, a contemplação mística, a visão e a união.

das ordens, das excelências, dos elementos, dos gêneros, de toda substância, de toda potência, de todo vigor, de toda disposição adquirida, de toda sensação, de todo discurso racional, de todo pensamento, de todo contato, de toda ciência, de toda união. Em uma palavra, *[705 D]* todo ser vem daquilo que é belo e bom e subsiste naquilo que é belo e bom e se converte naquilo que é belo e bom. E todas as coisas que existem e vêm a ser, existem e vêm a ser por causa daquilo que é belo e bom e para ele todas olham, e por ele tudo se move e se conserva, e de todas as coisas ele é fim e meio; nele reside todo princípio exemplar, final, eficiente, formal, material, *[155]* e simplesmente todo princípio, toda coerência, todo fim ou, numa palavra, tudo *[708 A]* o que existe deriva daquilo que é belo e bom, e todo não-ser reside supersubstancialmente[76] naquilo que é belo e bom, princípio e fim de tudo, situado acima do princípio e do fim; de fato, dele, por ele, nele e para ele existem todas as coisas, como diz a Sagrada Escritura[77]. *[156]* Para todos, aquilo que é belo e bom é desejável, amável e apetecível[78]. *[157]* É através dele e por causa dele que as coisas inferiores amam as coisas superiores voltando-se para estas, que as iguais amam as iguais comungando com estas, que as superiores amam as inferiores provendo-as, e que cada qual ama a si mesma conservando-se[79]. *[158]* E todas as coisas, enquanto tendem para aquilo que é belo e bom, desejam e fazem tudo quanto fazem e

---

[76] As próprias negações, isto é, aquilo que Deus não é, existem em Deus de maneira diversa de como são concebidas com o conhecimento criado. "Porque", explica o escoliasta, "nós não sabemos sequer que coisa Deus não é, nem como é inefável e incompreensível" (PG 4, 260 D).

[77] Cf. Rm 11, 36; Cl 1, 16. 17; e DN II, 651 D - 652 A; IV 4, 700 A.

[78] Em grego, lê-se: *ephetòn, kaì erastòn, kaì agapetón*.

[79] Dessas quatro formas de *éros*, chama a atenção o amor dos superiores aos inferiores, ou seja, o amor de Deus aos homens, do qual temos o testemunho do *Livro da sabedoria*: "Deus ama tudo o que existe" (Sb 11, 24). Quanto à origem do *éros pronoetikós*, julgamos que seja uma forma do pitagorismo tardio, que fundiu o último ensinamento de Platão com elementos estóicos e aristotélicos; cf. Y. DE ANDIA, *Henosis. L'union à Dieu...*, 142-144.

desejam. *[159]*⁸⁰ O ensinamento verdadeiro ousará dizer o seguinte: é pela superabundância da bondade que a causa universal *[708 B]* deseja amorosamente todo ser, opera em cada um, perfaz toda perfeição, conserva e converte para si todas as coisas. O amor divino é bondade de um ser bom, que se realiza através do próprio bem[81]. De fato, este amor que faz o bem de todas as coisas que existem, preexistindo no bem de maneira excelente, não permitiu que Deus permanecesse estéril em si mesmo; mas o impeliu a operar segundo uma superabundância geradora de todas as coisas[82].

§ 11. *[160]* E ninguém acredite que celebramos o nome amor (*éros*) contra as Escrituras. De fato, creio eu, é coisa irracional e insensata negligenciar o valor da intenção em favor da expressão verbal. *[708 C]*. Não procedem assim aqueles que desejam compreender as coisas divinas, mas, sim, aqueles que acolhem somente sons vazios e os mantêm no exterior de sua inteligência sem deixá-los passar além do ouvido e não querem conhecer que coisa significa tal palavra e como é necessário explicá-la mediante outras expressões de mesmo significado, mais explícitas; aqueles que se deixam impressionar pelas letras, pelos sinais inteligíveis, pelas sílabas e pelas palavras desconhecidas que não passam através da inteligência de suas almas, mas ressoam externamente ao redor de seus lábios e de seus ouvidos, como se não fosse lícito indicar o número quatro por meio de duas vezes dois, ou a

---

[80] O desejo do bem se faz segundo um quádruplo movimento dos seres amorosos que representa a espiral do amor: 1º Dos inferiores aos superiores, por via de conversão (*epistreptikôs*); 2º Dos seres da mesma espécie aos iguais, por via de comunhão (*koinonikôs*); 3º Dos superiores aos inferiores, por via de providência (*pronoetikôs*); 4º De cada uma delas em direção a si mesma, por via de conservação (*synektikôs*).

[81] O texto grego: *kaì ésti kaì ho theîos éros agathòs agathoû dià tò agathón*, traduzir-se-ia mais literalmente assim: "o amor divino é bom por causa do bem para com o bem", considerando-se *agathoû* genitivo objetivo.

[82] "A divindade opera e gera segundo as palavras: 'O meu Pai nunca deixou operar até o presente, e eu também trabalho' (Jo 5, 17)" (PG 4, 261 B).

linha por meio de retas, ou a terra natal por meio de pátria, ou alguma outra coisa daquelas que têm significado igual *[708 D]* por meio de palavras diversas. *[161]* É preciso saber, segundo a reta razão, que utilizamos letras, sílabas, vocábulos, escritos, discursos por causa dos sentidos, assim como, quando a nossa alma se move mediante as suas energias intelectuais para as coisas inteligíveis, os sentidos se tornam supérfluos juntamente com as coisas sensíveis; assim como também as faculdades intelectuais, quando a alma, tornada semelhante a Deus mediante uma união desconhecida, se introduz nos raios da luz inacessível com olhos privados de visão (*anommátois*)[83]. *[162]* Quando a inteligência, com a ajuda das coisas sensíveis, procura elevar-se à visão *[709A]* das coisas espirituais, são certamente mais preciosos os trajetos mais manifestos dos sentidos, os discursos mais esclarecidos e as visões mais claras. De fato, se aos sentidos são submetidos os objetos não claros, os sentidos não podem apresentar à inteligência as coisas sensíveis de maneira conveniente. *[162]* Mas, para não parecer que digo tais coisas com o objetivo de subverter a Sagrada Escritura, aqueles que criticam o emprego do nome amor ouçam esta palavra do sábio: "Ama-a, e ela te salvará; abraça-a, e ela te exaltará; honra-a, para que ela te abrace"[84], e qualquer outra passagem na qual seja celebrado o divino louvor de Deus[85].

---

[83] Ou ainda: "Lança-se com ímpeto cego aos raios da luz inacessível". "Quando a alma deseja ver a Deus e unir-se a ele quanto possível, deve desviar os seus olhos, isto é, a inteligência, das coisas particulares, que são também os pensamentos, e direcioná-los para as coisas mais gerais (e coisas particulares). Então, [...] uma vez tornada unidade e simplicidade, poderá dirigir o olhar para os raios divinos através da ignorância digna de louvor, ou seja, da ignorância que não deriva da falta de conhecimento, mas da consciência de que as perfeições de Deus são incompreensíveis" (PG 4, 264 A; cf. MT I 3, 1001 A).

[84] Pro 4, 6-8; cf. ORÍGENES, *Comentário ao Cântico dos cânticos*, "Prólogo" (ed. Baehrens [GCS 33], 68, 26-27).

[85] "O divino louvor de Deus" é tradução de *hierotikàs theologías*, onde *theología* significa "louvor de Deus".

§ 12. *[164]* Além disso, alguns de nossos autores sagrados acreditaram que o nome amor seja mais divino que o de predileção[86]. O divino Inácio escreve justamente: "O meu amor foi crucificado"[87], e nos livros sagrados que nos introduzem nos mistérios poderás encontrar um homem que diz acerca da sabedoria divina: "Eu me enamorei da sua beleza"; por essa razão, não temamos o nome amor e não nos amedronte algum discurso que crie dúvidas em torno disso. *[165]* Parece-me que os autores sagrados conferem o mesmo sentido aos nomes amor e predileção, e se atribuem de boa vontade o verdadeiro nome às coisas divinas, isto fazem devido ao preconceito desproposital de tais indivíduos. De fato, mesmo sendo o verdadeiro amor celebrado de maneira digna de Deus, não só por nós, mas também pelas próprias Escrituras, a multidão não compreende o sentido único do nome amor dado a Deus e, em conformidade com a sua ignorância, inclina-se para o amor parcial, corporal, dividido, o qual não é o verdadeiro amor, *[709 C]* mas uma imagem ou, antes, uma perda do verdadeiro amor. De fato, à multidão permanece incompreensível o sentido da unidade do amor divino e uno; por essa razão, a partir do momento em que este nome parece, antes, inconveniente ao homem vulgar, é colocado na divina sabedoria para elevar e reconduzir a multidão até a cognição do verdadeiro nome, a fim de que seja livre da dificuldade ínsita no nome. Quando se trata, ao contrário, de nós mesmos, isto é, de seres vis e susceptíveis de pensamentos irracionais, emprega-se um nome que parece mais honesto: "Tua predileção caiu sobre mim como a predileção das mulheres"[88]. *[167]* Para aqueles que compreendem com ânimo reto as coisas divinas, os autores sagrados usam com o mesmo significado os nomes predileção e amor segundo as

---

[86] Originalmente temos, respectivamente, os seguintes termos: *éros*, ou "amor erótico", e *agápe*, ou "caridade". Traduzimos tais termos, respectivamente, por "amor" e "predileção" pelas razões que expomos mais adiante.

[87] Rm 7, 2; cf. Orígenes, *Comentário...*, 71, 25-26.

[88] 2 Sm 1, 26; mais precisamente: "Teu amor me era mais precioso que o amor das mulheres".

interpretações divinas; isto é próprio de uma potência de unificação[89] e de ajuntamento e também de conservação, *[709 D]* que preexiste no belo e no bem pelo fato de que é belo e bom, e que dá o belo e o bem porque é belo e bom, e contém os seres coordenados por uma conexão comum e recíproca que move os seres superiores a exercerem sua providência para com os inferiores, e que liga as coisas inferiores às superiores mediante uma conversão[90].

---

[89] O amor não é apenas único, mas também uma "potência de unificação" (*dýnamis henopoiós*). A tradução latina de "potência de unificação" por *uis unitiua* teve grande fortuna em toda a Idade Média. Encontramo-la na *Suma de teologia* de Tomás de Aquino (*Summa theologiae*, I, q. 37, a. 1, ad tertium), bem como no *Comentário ao Dos nomes divinos*: *Praeterea, amor est nexus amantium: quia secundum Dionysium, cap. 4 De divinis nominibus est quaedam vis unitiva*; cf. *In librum beati Dionysii de divinis nominibus expositio*, lectio 12). Sobre a influência da obra *Dos nomes divinos* em Tomás de Aquino, cf. G. -R. THIVIERGE, *Le commentaire des noms divins de Denys l'Aréopagite: l'occasion d'une rencontre entre platonisme et aristotélisme chez Thomas d'Aquin* (Pars dissertationis ad lauream). Roma, Pontificia Studiorum Universitas a S. Thoma Aq. in Urbe, 1986.

[90] Dionísio, colocando-se em uma tradição que remonta a Orígenes (cf. *Comentário...*) e cujo representante mais significativo é Gregório de Nissa, identifica o *éros* platônico com a *agápe* neotestamentária. Ora, em Orígenes e também em Gregório de Nissa, o *éros-agápe* é o ímpeto do homem espiritual ou da alma em direção ao *lógos* divino e, como tal, refere-se somente ao homem que, movido pelo Espírito Santo que nele habita, deseja unir-se a Deus. Conserva-se o caráter cristão porque o princípio deste ímpeto é a graça, isto é, o dom de Deus, mas permanece a direção de baixo para o alto, que é característica do *éros* platônico. Para Dionísio, ao contrário, o *éros-agápe* é, antes de tudo, um nome divino e, só secundariamente, uma propriedade das criaturas superiores, homens e anjos; em outras palavras, existe, em primeiro lugar, um *éros* divino, ao qual se seguem um *éros* angélico e outro humano. Nesse sentido, a característica essencial e comum de todo *éros* não é mais o ímpeto para o alto, mas a capacidade de sair de si mesmo, uma vez que o *éros* é, por natureza, estático, a fim de dirigir-se aos outros, que podem estar mais no alto mas também mais embaixo ou no mesmo nível, com um movimento de conversão ou de providência ou de solidariedade. Dionísio reconhece assim um *éros* que desce, e tal procedimento apresenta analogias com Proclo, que diz: "O *éros* desce do alto, da esfera dos inteligíveis à esfera do cosmo, convertendo todas as coisas para a beleza divina" (*Comentário ao Alcebíades primeiro* 52, 10-12).

§ 13. *[168] [712 A]* O amor divino é também estático, na medida em que não permite que os amantes pertençam a si mesmos, mas àqueles que eles amam. *[169]* E demonstram que as coisas superiores são feitas para prover às inferiores, e as iguais, para unirem-se umas às outras, e as inferiores, para voltarem-se de forma mais divina para as superiores. *[170]* E é assim que o grande Paulo, possuído pelo amor divino e participando em sua força estática, diz com palavra inspirada: "Já não sou eu que vivo, mas é Cristo que vive em mim" (Gl 2, 20; cf. 2 Cor 5, 15), como um verdadeiro amante que, como ele mesmo diz, saiu de si para penetrar em Deus e que não vive mais a sua vida, mas a vida d'Aquele que ele ama infinitamente. *[171]* Ouso acrescentar que isto não é menos verdade: o autor de todas as coisas, pelo amor bom e belo de todas as suas obras, pela superabundância de sua bondade amorosa, sai de si mesmo *[712 B]* para exercer sua providência para com todos os seres e como que os cativa pela sua bondade, pela sua predileção e pelo seu amor. É assim que, em um lugar afastado que está cima de tudo e é separado de tudo, ele se deixa conduzir em direção a todos os seres, graças a esta potência estática, supersubstancial e indivisível que lhe pertence; *[172]* por essa razão, aqueles que são especialistas nas coisas divinas chamam-no zeloso por causa da intensidade deste excelente amor que se estende a todos os seres, e porque ele próprio manifesta um ardor ciumento, como se os seres que tendem para ele fossem dignos deste ardor, e dignos também deste ardor os seres sobre os quais se exerce sua providência. Enfim, ele é a amabilidade e o amor daquilo que é belo e bom, e é colocado antecipadamente no belo e no bem, e através do belo e do bem existe e vem a ser.

§ 14. *[173] [712 C]* Mas que coisa querem dizer os sagrados autores quando o chamam ora amor e predileção, ora amável e amado?[91]

---

[91] Os termos encontram-se quase todos na Sagrada Escritura: *éros*, ou "amor", ou, mais precisamente, os equivalentes *glykasmós* e *epithymía*, cf. Ct 5, 16; *agápe*, ou "predileção", cf. 1 Jo 4, 16; Ct 2, 7; 3, 5. 10; 8, 4; *agapetós*, ou "amado" (cf. Mt 17, 5; Mc 1, 11; 9, 7; Lc 3, 22; 2 Pr 1, 17); já *eratós*, ou "amável", não é documentado. O problema que se coloca aqui é o seguinte: como Deus pode ser sujeito e objeto de amor?

[174] De fato, de uma coisa, isto é, do amor e da predileção, ele é a causa, o autor e o produtor; de outra, isto é, o amável e o amado, ele mesmo é. É o amor que o move, e é porque ele é digno de amor que ele move os outros; ou ainda, dizem que ele conduz e move a si mesmo por si mesmo. *[175]* Portanto, chamam-no ao mesmo tempo amável e amado enquanto é belo e bom; amor e predileção, enquanto é força que move e atrai tudo para si, que sozinho é em si e por si belo e bom e, por si mesmo, é como uma manifestação de si mesmo o processo benigno da união transcendente[92] e o movimento amoroso, simples, que se move a si mesmo, que trabalha por si mesmo, *[178]* que é pre-existente no bem e emana do bem para os seres e novamente retorna ao bem[93]. Nele o amor divino demonstra de modo excelente não ter fim *[712 D]* nem princípio, como um círculo perpétuo, por causa do bem, a partir do bem, no seio do bem e em vista do bem, com uma órbita impecável, permanecendo no mesmo estado e seguindo *[713 A]* o mesmo modo, não cessando nem de progredir nem de permanecer estável nem de retornar ao seu estado inicial. *[179]* É o que nosso admirável iniciador nas coisas sagradas explicou divinamente a propósito dos *Hinos de amor*[94]. Não é inconveniente lembrá-los aqui e acrescentá-los ao nosso discurso sobre o amor como uma conclusão sagrada.

---

[92] "A união de amor com Deus transcende e supera toda união. Chama transcendente a união superior" (PG 4, 268 A).

[93] "O movimento do amor existe antes do bem, é simples e, movendo a si mesmo no bem, procede do bem e retorna ao bem, sendo sem princípio e sem fim" (PG 4, 268 A).

[94] Acerca de Hieroteu, cf. DN III, 681A; III, 684D. Normalmente essas passagens são consideradas como citações de uma obra da autoria de Hieroteu intitulada *Hinos de amor* (*erotikoì hýmnoi*). Mas como a citação de uma obra deveria ser citada diferentemente (cf. DN II, 648 B, em que se citam os *Elementos de teologia*), os *Hinos de amor* podem ser na realidade uma obra, não escrita, mas comentada por Hieroteu. A partir de outros textos de Dionísio (ver EH III, 429C), é plausível identificar os *Hinos de amor* com o *Cântico dos cânticos*, o qual é definido como "cânticos e imagens divinas do amor a Deus".

§ 15. *[180]* "Quando falamos do amor quer divino, quer angélico, quer intelectual, *[713 B]*[95] quer animal, quer natural, pensamos em uma força de unificação e de conexão que move as coisas superiores a exercerem sua providência para com as inferiores, e as iguais a entreterem uma relação recíproca comum, e as inferiores, situadas no último lugar, a voltarem-se para as melhores e colocadas acima delas".

§ 16. *[181]* "Do amor único havíamos deduzido muitos, tendo dito por ordem quais são as cognições e as virtudes dos amores que estão no mundo e acima do mundo, e entre os quais sobressaem, segundo o sentido do raciocínio exposto, as ordens e as disposições dos amores inteligentes e inteligíveis. *[713 C]* Enfim, sobre os amores que lá são verdadeiramente belos dominam aqueles que são por si mesmos inteligíveis e divinos e são por nós celebrados de modo adequado[96]. *[182]* Ora, resta-nos agora reconduzir todos esses ao amor que os contém em sua unidade; partindo desta pluralidade, reunamos e tornemos a juntar todos esses amores naquele que é seu pai comum; para isto reduzamos primeiramente a dois todos os gêneros das forças amorosas dominadas e precedidas absolutamente pela causa incompreensível[97] que procede de

---

[95] Notemos a distinção entre angélico e inteligente (*noerós*), porque os anjos são também inteligíveis (*noetoi*); cf. PG 4, 268 C - 269 A.

[96] "Acima dissemos que intelectuais são os seres inteligentes, e inteligíveis, os seres que se conhecem com a inteligência, e que sem dúvida os seres intelectuais são inferiores aos seres inteligíveis; por essa razão, os seres que se conhecem com a inteligência são nutrimento dos seres inteligentes. Portanto, os seres intelectuais amam os seres inteligíveis, enquanto estão voltados para esses e, assim, são alçados ao alto; mas também os seres inteligíveis amam os seres intelectuais, enquanto exercitam sobre eles a sua providência, comunicando-lhes uma igual utilidade. Convém que os amores desses sejam superiores aos amores sensíveis, mas também são ditos, creio, inteligíveis e inteligentes para que se tornem tais graças à participação no bem. Mas os amores inteligíveis em si são os amores divinos, isto é, os amores de Deus" (PG 4, 269A-B).

[97] O termo grego para a expressão incompreensível é *áskhetos*, isto é, sem relação com o universo.

todo amor que está acima de todos e para o qual se estende, na medida própria a cada ser, o amor total de todos os seres"[98].

§ 17. *[183] [713 D]* "Mas, reduzindo outra vez essas forças a uma só, dizemos que existe uma só força simples, que se move por si mesma em direção a uma fusão de unificação, do sumo bem até o último dos seres; em contrapartida, deste mesmo ser até o sumo bem, por meio de todas as coisas, esta força, a partir de si mesma e por si mesma, sobre si mesma gira e sempre em direção a si mesma de modo igual se volta."

§ 18. *[184]* Mas poder-se-ia objetar: "Se o belo e bom é para todos amável, desejável e amado – pois, como dissemos, o não-ser também tende para ele e procura de algum modo subsistir nele, e é ele que dá forma às coisas sem forma, e é dele também que, de modo supersubstancial, o não-ser recebe nome e existência –, *[185]* por que a multidão dos demônios não se move em direção ao belo e bom, mas, sendo presa à matéria e decaída da fixidez própria dos anjos acerca do desejo do bem, é causa de todos os males quer para si mesma, quer para os outros seres, os quais se diz que se pervertem? Como é possível então que a raça dos demônios, derivada do bem, esteja privada da forma do bem? Tendo sido criada boa pelo bem, como pôde modificar-se? E que coisa a tornou perversa? *[186]* Em suma, que é o mal? De qual princípio deriva e em quais seres reside? E por que o bem desejou produzi-lo? Como, porém, ainda que o tenha desejado, pôde produzi-lo? E se o mal deriva de uma outra causa, que outra causa é essa, para as coisas que existem, *[716 B]*

---

[98] "Dizendo amor total indica que existem também amores parciais e que Deus é o amor parcial e o amor total enquanto é causa e dá a todos, segundo a capacidade de cada um, uma espécie de eflúvio de amor. A energia total, de fato, compreende também as partes, cada uma das quais é distinta, pelo que uma é justiça-em-si, outra é fortaleza-em-si, etc. Assim, não se confundem, mas cada uma é distinta, nem são indivisas desordenadamente, porque cada qual participa segundo a própria capacidade. Cada um, de fato, participa das formas segundo a própria atitude, de tal modo que Deus é a totalidade e as partes do amor" (PG 4, 269 C-D).

senão o bem? E se existe a providência, como pode existir o mal ou mesmo manifestar-se totalmente ou não ser destruído? E como um dos seres pode tender para ele, abandonando o bem?"⁹⁹.

§ 19. *[187]* Portanto, estas poderiam ser as objeções que suscitam dificuldades, mas julgamos correto que se considere a verdade das coisas. *[188]* E, em primeiro lugar, não tememos afirmar o seguinte. O mal não deriva do bem, e, se deriva do bem, não é mal; pois, como na verdade não é propriedade do fogo produzir o gelo, assim também não é propriedade do bem produzir as coisas não boas, e, se todas as coisas que existem derivam do bem *[716 C]* – pois a natureza do bem é produzir e salvar, e a do mal, destruir e corromper –, nenhuma das coisas que existem deriva do mal. E nem o mal em si mesmo existiria, se fosse um mal por si mesmo. E, se assim não é, o mal não é totalmente mal, mas conserva uma parcela de bem pela qual existe de todo¹⁰⁰. *[189]* E se as coisas existentes desejam o belo e o bem, e se todas as coisas que não agem senão em vista daquilo que parece ser o bem, e se todo o sen-

---

⁹⁹ Os parágrafos 18-35 deste capítulo tratam da origem do mal com um aceno especial aos demônios. Pergunta-se como se pode conciliar a existência dos espíritos maus, dos quais fala a revelação, com a tese, antes demonstrada, segundo a qual todos os seres derivam de Deus, que é o bem. Dionísio demonstra que os demônios foram anjos criados por Deus que, em seguida, se tornaram maus, e não seres maus que desde sempre existiam como tais e se contrapunham a Deus (cf. PG 4, 272 A - 273 B). Trata-se aqui de um tema clássico do neoplatonismo (cf. PLOTINO, *Enéadas* I 8) e da pregação cristã (BASÍLIO, *Sobre o hexameron*, "Homilia II", 4-5, PG 29, 36B-41B; *Deus não é o autor dos males*, PG 31, 329-353; GREGÓRIO DE NISSA, *Sobre o Eclesiastes*, "Homilia V"; GREGÓRIO DE NAZIANZO, "Discursos 40 e 45", PG 36, 424 A).

¹⁰⁰ "Se se diz que Deus existe supersubstancialmente enquanto é sem princípio e causa de todas as coisas, aquilo que a ele se opõe, enquanto é a última de todas as coisas, é sem substância, ao passo que Deus está além da substância. Esta é a matéria, da qual se diz que é o não-ser e está em Deus, criada graças à sua bondade, se bem que, misturada às coisas sensíveis, não seja nem completamente má nem completamente boa, como demonstra a causa da sua instabilidade. Tem em si o mal pela sua instabilidade, mas também uma parte de bem porque foi criada por Deus e está em Deus" (PG 4, 275 C).

tido das coisas que existem tem por princípio e fim o bem – pois que nenhuma coisa faz aquilo que faz tomando por modelo a natureza do mal –, como poderá subsistir o mal nos seres? Ou ainda, como poderá ser fatalmente segregado por um tal desejo do bem? *[190]* E se todos os seres derivam do bem, e o mesmo bem está acima dos seres, assim também o não-ser, enquanto existente, reside no bem, e o mal não é algo existente *[716 D]* – do contrário, não seria completamente mau –, nem não existente – já que aquilo que completamente não existe nada é –, a menos que se diga que está no bem de um modo supersubstancial. Portanto, o bem será colocado muito acima daquilo que existe simplesmente e daquilo que não existe, ao passo que o mal não estará nem nas coisas que existem nem nas que não existem, mas estará mais afastado do bem do que do próprio não-ser, sendo de uma outra natureza e menos substancial do que ele. Mas donde vem o mal? De fato, se o mal não existe, a virtude e o vício são a mesma coisa, e aquilo que é toda virtude equivale àquilo que é todo vício, e os vícios particulares seriam iguais às virtudes particulares, ou o mal não será aquilo que se contrapõe *[717 A]* à virtude. Ora, sabe-se que a temperança é contrária à intemperança, e a justiça à injustiça. E não digo que o sapiente e o intemperante são contrários em relação ao justo e ao injusto, mas antes mesmo do contraste externo que opõe o virtuoso ao vicioso, na própria alma já, desde o início, os vícios são completamente distintos das virtudes, *[192]* e contra a razão se elevou a revolta das paixões, e à luz dessas considerações deve-se admitir que existe um mal contrário ao bem. De fato, o bem não pode ser contrário a si mesmo, mas, enquanto derivado de um só princípio e de uma só causa, se deleita com a comunhão, a unidade e a amizade. E não cremos igualmente que um bem menor é o contrário de um maior; tampouco, de fato, aquilo que é menos quente ou menos frio é contrário daquilo que é mais quente e mais frio. Portanto, nas coisas existentes o mal existe, é alguma coisa, se opõe ao bem e é adversário deste. *[193]* E se o mal é a destruição dos seres, isto não o exclui do existir, mas *[717 B]* ele também será um ente e gerador de entes. Ou não sucede frequentemente que a destruição de uma coisa se torna o nascimento de uma outra? E o mal contribuirá para a perfeição do universo e oferecerá ao todo não ser imperfeito graças a ele.

§ 20. *[194]* A esses argumentos, seguindo o verdadeiro raciocínio, se responderá que o mal, enquanto mal, não produz nenhuma substância ou geração, mas somente perverte e destrói, tanto quanto lhe é possível, a substância dos seres. Se alguém sustenta que ele é apto para gerar pelo fato de que com a destruição de uma coisa se gera uma outra, é preciso responder na verdade *[717 C]* que não é enquanto destruição que ele engendra, mas, enquanto destruição e mal, ele destrói e perverte, ao passo que é do bem que procedem a geração e a substância. Em si mesmo o mal é pura destruição; se ele engendra, é por intermédio do bem. Assim, o mal enquanto mal não é nem ser nem causa dos seres, mas por causa do bem existente é bom e causa de seres bons. *[195]* Pois, ao contrário, a mesma coisa não poderá ser boa e má sob o mesmo ponto de vista, nem a mesma potência, sob o mesmo aspecto, destrói ou gera a mesma coisa, nem é a potência-em-si ou a destruição-em-si. *[196]* Em si mesmo, por conseguinte, o mal não é nem ser nem bem, nem produz alguma coisa, nem é causa de seres ou de bens; mas o bem pode tornar perfeitas, não misturadas e completamente boas as coisas nas quais penetrou perfeitamente[101]. *[197]* Os seres que participam dele em menor grau são imperfeitamente bons e misturados por causa da privação do bem. E o mal não é absolutamente nem bem nem causa *[717 D]* de bem, mas aquilo que mais ou menos se aproxima do bem será bem proporcionalmente. *[198]* A bondade perfeita, que se difunde para todas as coisas, não somente chega às substâncias excelentes que estão ao redor dela, mas também se estende às mais

---

[101] "Os bens misturados e perfeitos que derivam do bem estão nos seres inteligíveis supramundanos, na medida em que são incorpóreos; os bens misturados dizem respeito aos corpos dotados de alma racional, isto é, a nós, porque a parte irracional da alma, como dissemos, participa da matéria através do corpo que participa da forma, ao passo que a parte irracional se volta para o irracional e às vezes lhe cede a passagem e, por causa disso, se orienta para a matéria" (PG 4, 277 B-C).

longínquas[102], totalmente presente em algumas; em menor grau, em outras; infimamente, em outras, do modo como cada um *[720 A]* dos seres é capaz de participar dela; por essa razão, uns participam do bem completamente, outros dele são privados mais ou menos, outros têm uma participação mais obscura do bem, em outros, enfim, o bem está presente à maneira de um eco longínquo. *[199]* Se, de fato, o bem não estivesse presente de modo proporcional em cada um, as coisas mais divinas e mais excelentes teriam uma ordem semelhante àquela das últimas. Como seria possível que todas as coisas participassem do bem de maneira uniforme, se nem todas são aptas para dele participar perfeitamente da mesma maneira? *[200]* Ora, a grandeza excelente da potência do bem é tal que mesmo aqueles que dele são privados, e até esta privação, podem ainda dele participar plenamente. E se é preciso dizer a verdade sem hesitação, é dele ainda que também aqueles que lutam contra ele recebem seu ser e seu poder de rebelião, *[201]* ou antes, para resumir em uma palavra, todos os seres, *[720 B]* na medida em que existem, são bons e provêm do bem; porém, na medida em que são privados do bem, não são nem bons nem existentes. De fato, nos outros estados como o quente e o frio, as coisas aquecidas permanecem tais, mesmo quando o calor as abandona, e muitas coisas existem privadas de vida e de inteligência. E Deus mesmo é privado de substância e está acima das substâncias. E, em uma palavra, no que tange a todas as outras coisas, mesmo quando o estado delas se perde e não existe mais completamente, existem e podem subsistir os seres. Mas aquilo que é privado do bem completamente, de modo nenhum existiu, nem existe,

---

[102] "Por 'substância mais longínqua' devem-se entender os corpos materiais e terrestres. Assim como Deus é princípio de todos os seres, [...] assim última é esta parte lamacenta, espessa e terrestre da matéria; por isso, é dita "escabelo de Deus" (cf. Is 66, 1), enquanto é justamente a mais longínqua, mas é, no entanto, partícipe da sua bondade, enquanto a traz consigo, ainda que também na forma mais longínqua. Diz, de fato, a sabedoria: 'Esta tenda terrestre oprime a inteligência que pensa muitas coisas' (cf. Sb 9, 15), enquanto a parte irracional da alma é misturada ao corpo material e prevalece às vezes sobre a parte racional" (PG 4, 277 D-280 A).

nem existirá, nem poderá existir. *[202]* Por exemplo, o intemperante, ainda que privado do bem pela sua paixão irracional, de um lado, não está nele nem deseja entes, de outro lado, participa do bem segundo uma obscura ressonância de união e de amizade. Até mesmo o furor *[720 C]* participa do bem pelo próprio fato de que se move e deseja dirigir e converter a um estado que lhe parece bom as coisas que lhe parecem más. E aquele mesmo que deseja uma vida perversa, na medida em que deseja totalmente uma vida, e aquela que lhe parece melhor, em razão de seu desejo, de seu desejo de vida, de sua tendência para a vida melhor, participa do bem. Se, de fato, se suprimisse completamente o bem, não existiria nem substância, nem vida, nem movimento, nem apetite, nem outra coisa. *[203]* Portanto, se da destruição se produz a geração, a causa disto não é a potência do mal, mas a presença do bem em menor quantidade. Da mesma maneira, a doença é uma falta de ordem, não privação total de ordem; pois, se a desordem fosse completa, não existiria tampouco a doença[103]; porém, a doença permanece e existe enquanto tem como substância a ordem mínima e nesta subsiste. *[720 D]* Aquilo que é totalmente privado do bem não é um ser e não está entre os seres[104]; aquilo, ao contrário, que é misturado [de bem e de mal] está entre os seres por causa do bem, e por isto está entre os seres e existe: porque participa do bem. *[204]* Antes, todos os seres existirão na mesma medida, maior ou menor, em que participam do bem. De fato,

---

[103] "Observa que quem usa mal a faculdade irascível participa do bem enquanto se move para corrigir aquilo que lhe parece mal. Assim, quem deseja uma via péssima e assaz perversa participa do bem enquanto deseja a vida que lhe parece melhor; por essa razão, quem procura o mal, enquanto pensa operar honestamente, participa do bem" (PG 4, 281 C).

[104] "O escopo do divino Dionísio é claro de acordo com muitos indícios. Para combater as opiniões de alguns gregos sobre o mal diz que o mal não é um ente. De fato, como mal substancial, poderia existir somente aquilo que por uma falta absoluta de bem não fosse absolutamente partícipe deste. Mas isto não se pode, de fato, encontrar nem mesmo na matéria, ainda que alguns gregos o pensem, porque aquilo que foi criado por Deus participa sempre do bem, ainda que obscuramente e longinquamente" (PG 4, 281 D - 284 A).

em relação também ao mesmo ser, aquilo que não está em nenhum lugar e de nenhum modo, tampouco existe. E aquilo, ao contrário, que em parte existe e em parte não existe, na medida de sua queda *[721 A]* em relação à perpetuidade do ser, é preciso dizer que não existe; mas na medida de sua participação no ser, é verdade que existe, e é graças a esta participação que se conservam e se mantêm juntos a totalidade de seu ser e o que está nele de não-ser. E o mal, se é privado do bem totalmente, não existirá nas coisas boas em nenhum grau. Aquilo, de fato, que, de um lado, é bom e, de outro, não o é, entra em conflito com um certo bem, não com a totalidade do bem. É a presença do bem que lhe permite subsistir, é o bem que, graças à sua plena participação, faz existir também a privação de si mesmo[105]; estando o bem totalmente ausente, não existiria nem o bem total, nem mistura [de bem e de mal], nem mal absoluto. Porque se o mal fosse um bem imperfeito, pela completa ausência de bem, faltariam ainda o bem imperfeito e o perfeito, e então somente o mal existiria e apareceria como tal, uma vez que seria mal para uns, de que é o contrário, e seria segregado de outros, na medida em que são bons[106]. *[721 B]* De fato, que uma mesma realidade esteja sob o mesmo aspecto em luta consigo mesma é impossível. Portanto, o mal não é um ser.

§ 21. *[205] [721 C]* Mas tampouco nos seres existe o mal. Se tudo procede do bem, se o bem está presente em todo lugar e envolve todo ser, ou o mal estará ausente de todo ser, ou estará no próprio bem. Ora,

---

[105] "Isto é, faz existir o mal. Se, de fato, o mal é privação do bem, e o bem faz existir a privação de si mesmo, faz existir o mal que é privação do bem. A participação existe sempre, porque com a participação particular existe também a privação do bem" (PG 4, 284 C).

[106] "Se todos os seres participam do bem, e o bem está em todos os seres, evidentemente o mal ou não existe ou está no bem. Não é conforme à natureza do fogo ser frio, e se começasse a sê-lo, não existira mais fogo. Portanto, o mal, se subsiste, participa, mesmo obscuramente, do bem, porque todas as coisas existem e permanecem no bem (cf. At 17, 28), mas se não tem nada do bem, tampouco existe" (PG 4, 284 D - 285 A).

não pode estar no bem, porque, assim como não há frio no fogo, assim não poderá existir o mal naquilo que torna bom até mesmo o mal. Mas, se existir, de que modo estará o mal no bem? Que venha dele é coisa absurda e impossível. Não é possível, como diz a verdade dos escritos divinos, que a árvore boa produza maus frutos e vice-versa[107]. Se, portanto, não procede do bem, é evidente que deriva de um outro princípio e de uma outra causa. De fato, ou o mal deriva do bem, ou o bem deriva do mal, ou, se isso não é possível, de um outro princípio e de uma outra causa derivam tanto o bem como o mal. Pois nenhuma dualidade é princípio, porém a unidade será o princípio de toda dualidade. É, portanto, absurdo que de um só *[721 D]* e mesmo princípio procedam duas coisas absolutamente contrárias, e que haja um princípio, não simples e único, mas dividido e duplo e contrário a si mesmo e sujeito a mutação interna. *[206]* E não é possível que existam dois princípios contrários na origem dos seres e que estes se oponham um no outro, e ambos no todo. De fato, se assim fosse, Deus mesmo não seria incólume e privado de contrariedade, visto que existiria alguma coisa que pode ofendê-lo; além disso, todas as coisas estariam desordenadas e sempre a lutar, *[207]* ao passo que o bem faz reinar a concórdia entre todos os seres e é celebrado pelos autores sagrados como paz-em-si e *[724 A]* doador de paz[108]. Por essa razão, os bens são amigos e todos harmônicos e derivam de uma vida única e são coordenados em vista do bem único e pacíficos e semelhantes e propensos uns aos outros[109]. Por conseguinte, o mal não está em Deus nem tem em si nada de divino. *[208]* Mas o mal não deriva de Deus, visto que ou Deus não é bom ou faz coisas boas e produz coisas boas. *[209]* E não pode algumas vezes ser bom e fazer algumas coisas boas, e outras vezes, não ser bom e não fazer todas as coisas boas; de

---

[107] Cf. Mt 7, 18, com apenas um termo diferente.

[108] O nome divino "paz" será estudado em DN XI 1-5, 948 D-953 B. Para as passagens bíblicas, cf. Sl 29 (28), 11; 1 Ts 5, 23; 2 Ts 3, 16; 2 Cor 13, 11; Rm 15, 33; Fl 4, 9; Hb 13, 20.

[109] Os bens são os seres criados, que são bons justamente porque todos derivam do único bem.

fato, nesta hipótese ele sofreria mudança e alteração, e precisamente em relação à coisa que é a mais divina, isto é, a causalidade. Se, porém, em Deus o bem é a existência, Deus, se cessasse de ser o bem, ora existiria ora não existiria. Mas se tivesse o bem por participação e o obtivesse de um outro, algumas vezes o teria, outras vezes dele estaria privado. Portanto, o mal não procede de Deus, não está em Deus, nem de modo absoluto, nem de modo provisório[110].

§ 22. *[210] [724 B]* Mas tampouco nos anjos existe o mal. Se, de fato, o anjo, que se conforma ao bem, anuncia a bondade divina, visto que secundariamente ele é por participação aquilo que primeiramente o anunciado é por causa[111], o anjo é, portanto, imagem de Deus, manifestação da luz escondida, *[211]* espelho puro, perfeitamente límpido, imaculado, incorrupto, sem mistura, capaz, se é justo assim dizer, de receber toda a beleza da forma divina que traz a marca do bem *[212]* e que faz resplandecer em si de modo puro, enquanto é possível, a bondade do silêncio inacessível[112]. Portanto, o mal não está tampouco nos anjos, *[213]* mas, por punir os pecadores, eles são maus. Segundo este raciocínio, são maus também os que corrigem os que cometem excessos, e também os sacerdotes que afastam o profano dos mistérios divinos. Por isso, não é um mal ser punido, mas, sim, tornar-se merecedor da punição; nem o ser mantido afastado *[724 C]* das coisas sagradas segundo o mérito, mas, sim, tornar-se perverso, ímpio e indigno dos sacramentos.

§ 23. *[214]* Mas tampouco os demônios são maus por natureza; se, de fato, o fossem por natureza, não derivariam do bem, nem estariam entre os seres, nem teriam modificado a sua condição boa, por ser maus por natureza e desde toda eternidade. Além disso, são maus para si mesmos ou para

---

[110] *Oúte haplôs, oúte katà khrónon* ou "nem de maneira estável nem de maneira passageira".

[111] O anjo é, por participação, aquilo que o bem, objeto de sua mensagem, é como causa; por isso, é imagem.

[112] A "bondade do silêncio" é Deus.

os outros? Se o são para si mesmos, destroem a si mesmos; se, ao contrário, o são para os outros, como e que coisa destroem? A substância, a potência ou a ação? Se destroem a substância, nada há que aí seja contra *[724 D]* a natureza: de fato, não destroem as coisas que são indestrutíveis por natureza, mas somente aquelas que estão sujeitas à destruição. Além disso, esta destruição não é sempre e em todo caso um mal. Acrescentemos que nenhum ser é destruído segundo sua substância e sua natureza, mas é em virtude do defeito da ordem de sua constituição natural que a razão de sua harmonia e de sua simetria enfraquece, embora tivesse de permanecer a mesma[113]. Esta debilidade não é completa. Se esta, de fato, o fosse, suprimiria a destruição e o seu sujeito. De fato, uma tal corrupção *[725 A]* seria corrupção de si mesma, de sorte que um tal mal não seria um mal, mas uma insuficiência de bem; de fato, aquilo que está completamente privado do bem não existe tampouco entre os seres, e o mesmo discurso vale sobre a destruição da potência e da ação. *[215]* Além disso, como podem ser maus os demônios criados por Deus, uma vez que o bem produz e faz subsistir o bem? Poderíamos dizer que os chamamos maus, não em razão daquilo que são, porque vêm do bem e receberam uma natureza boa, mas em razão daquilo que não são, porque, como diz a Escritura, estando enfraquecidos, não souberam conservar o seu principado[114]. Em que sentido, de fato, dize-me, afirmamos que os demônios são maus, senão porque deixaram de desejar e realizar os bens divinos? *[217]* De outro lado, se os demônios são maus por natureza, eles o são desde toda eternidade. Ora, o mal não é estável; portanto, se estiveram sempre na mesma condição, eles não são

---

[113] "Observa que chama destruição o movimento discordante e desarmônico fora da ordem da natureza. Tu o encontras escrito em Ezequiel a propósito do diabo: 'Foi destruída a tua ciência com a tua beleza' (28, 17). Afirma que nem mesmo os demônios são maus por natureza, a fim de eliminar a tese dos gregos e dos maniqueus" (PG 4, 288 D-289 A).

[114] Cf. Jd 6. "Chama principado a vinda deles à existência por obra de Deus, porque eles também foram criados, como nós, para toda obra boa. [...] Os demônios são maus simplesmente porque abandonaram o estado de vida no qual eram bons, porque não operam o bem; por essa razão, são maus pela sua livre escolha, e não por natureza" (PG 4, 298 D-292 A).

maus; de fato, é próprio do bem ser sempre o mesmo; se não são maus desde toda eternidade, não são maus por natureza, mas *[725 B]* pela ausência dos bens próprios dos anjos. *[218]* E não são completamente privados do bem na medida em que existem, vivem e pensam, e há neles de maneira total um movimento de desejo; *[219]* diz-se que são maus porque não têm mais a força de agir segundo a sua natureza. O mal para eles é a perversão e o afastamento das coisas que lhes convêm e a incapacidade de atingi-las e a imperfeição e a impotência e o enfraquecimento, fuga e queda da virtude que neles salvaguarda a perfeição. *[220]* Além disso, que outro mal se encontra nos demônios? Uma cólera insensata, um desejo sem inteligência, uma imaginação perigosa[115]. Mas essas coisas, mesmo que existam nos demônios, não são por si mesmas más em si mesmas, nem para cada aspecto nem para todos. De fato, também nos outros seres vivos, não a posse, mas a perda dessas coisas é uma destruição e um mal para o vivente[116]. A posse salvaguarda e faz que exista a natureza do vivente que possui essas coisas. Portanto, *[725 C]* a estirpe dos demônios é má, não enquanto se conforma à sua natureza, mas enquanto não se conforma à sua natureza. *[221]* O bem do qual eles foram dotados não se alterou completamente, mas é voluntariamente que eles decaíram de modo total do bem que tinham recebido como partilha. E dizemos que os dons angélicos concedidos a eles não foram jamais alterados, mas os demônios são intactos na plenitude de sua luz, embora os mesmos não vejam tais dons pelo fato de que paralisaram a faculdade que tinham de contemplar o bem. Assim, portanto, aquilo que são, eles o são graças ao bem, e são bons e aspiram ao belo-e-bom desejando o ser, a vida e a inteligência das coisas que existem; e são chamados maus pela privação, pela supressão e pela queda dos bens que lhes convêm; e

---

[115] Estas não são propriedades dos anjos e por isso são um mal.

[116] "Porque existe também uma cólera razoável, como aquela contrária ao pecado e contrária aos inimigos de Deus, e um desejo espiritual, como o desejo do melhor, segundo as palavras: 'Desejei ardentemente comer esta páscoa convosco' [Lc 20, 15]. Assim, há também uma imagem não perigosa, razão pela qual nos unimos aos inteligíveis fazendo aquilo com a nossa inteligência" (PG 4, 292 D).

são efetivamente maus na medida em que são privados do ser e, aspirando ao não-ser, tendem ao mal.

§ 24. *[222] [725D]* Mas diz-se que as almas são más. Se isto deriva do fato de que algumas se juntam às coisas más por providência e por salvação, *[728A]* isto não é um mal, mas um bem que torna o mal em bem. *[223]* Se, ao contrário, dizemos que as almas se tornam más, em que coisa se tornam más senão na privação das boas disposições e obras e na incapacidade de agir e na perda devida à sua própria fraqueza? De fato, dizemos que o ar que nos circunda se obscurece pela falta e pela ausência da luz, mas em si mesma a luz permanece sempre luz e capaz de iluminar também as trevas. *[224]* Portanto, nem nos demônios nem em nós o mal é mal enquanto ser, mas enquanto privação e ausência de perfeição dos respectivos bens[117].

§ 25. *[225] [728B]* Mas tampouco nos animais privados de razão existe o mal. De fato, eliminando o furor, a concupiscência e as outras coisas que não são absolutamente segundo sua natureza própria, o leão, tendo perdido sua força e sua ferocidade, não será mais um leão; o cão, tendo-se tornado manso em relação a todo mundo, não será mais cão, se é verdade que sua função própria consiste em montar guarda, ou seja, acolher os familiares e afastar os estranhos. Assim, não é um mal o fato de que a natureza permaneça intacta, mas, ao contrário, o mal é uma destruição desta natureza, um enfraquecimento e uma falha de suas disposições, de suas atividades e de suas energias naturais. E se todas as coisas que nascem conseguem com o tempo a perfeição, a imperfeição não é totalmente contra a natureza toda.

§ 26. *[728C]* Mas tampouco em toda a natureza existe o mal. Se, de fato, todas as razões naturais derivam da natureza tomada no seu

---

[117] "O mal não é uma substância, nem tampouco se conta no número das coisas que se referem à substância, mas é alguma coisa que serve para completá-la, como a potência e a energia. O escopo do Padre [Dionísio] consiste em explicar este pensamento" (PG 4, 296 A).

todo, nada se opõe a ela[118]. *[227]* Para cada natureza particular, algo será segundo a sua natureza, e algo será contrariamente. Toda natureza terá o seu contrário, e isto que, de um lado, é conforme à natureza, de outro lado, torna-se contrário à natureza. O mal é por natureza aquilo que é contrário à natureza, ou seja, privação dos bens segundo a natureza. Portanto, a natureza não é má, mas o mal próprio da natureza é o não poder realizar perfeitamente aquilo que é próprio de cada natureza.

§ 27. *[228]* Mas tampouco nos corpos existe o mal. De fato, a deformidade e a doença são ausência de beleza e privação de ordem. E isto *[728D]* não é mal em sentido absoluto, mas uma beleza menor. Se, de fato, existisse uma destruição total de beleza, de forma e de ordem, o próprio corpo desapareceria. *[229]* Que o corpo não é causa de mal para a alma, é evidente, porque o mal pode subsistir também sem corpo, como, por exemplo, nos demônios. *[230]* Isto é na verdade o mal para as inteligências, para as almas e para os corpos: a debilidade e a perda da posse dos seus bens.

§ 28. *[231] [729A]* Mas não é menos falso este lugar-comum: "O mal está na matéria enquanto matéria". *[232]* De fato, esta também participa da ordem, da beleza e da forma. E se a matéria, estando fora dessas coisas, estivesse por si mesma privada de qualidade e de forma, como esta poderia

---

[118] "A natureza dá início à geração graças a uma divina arte que lhe é própria. Efeitos desta divina arte são as plantas, os animais, os frutos, as mudanças recíprocas dos elementos e, em uma palavra, a substância em si mesma das coisas que nascem, porque esta é princípio de movimento e de quietude. Aqueles que trabalham a cera e praticam as artes plásticas, devem ter em si alguma coisa que permanece, isto é, razão e inteligência, que produzem através das mãos as sua obras; assim, na natureza de todas as coisas, existe alguma coisa que permanece, isto é, uma potência, que não trabalha com as mãos; a vontade e a inteligência de Deus são, por assim dizer, uma arte que procede à geração das coisas que são geradas. De fato, a matéria é aquilo que é movido à geração, mas aquilo que a move é a razão imóvel que está no todo, o qual é a arte divina, a chamáramos natureza" (PG 4, 296 B-C). "'Toda a natureza'", explica mais concisamente Paquímeres, "indica aqui todos os seres criados por Deus; razões naturais são as formas inatas nos diversos seres que d'Ele derivam" (PG 3, 801 C-D).

fazer alguma coisa, já que por si mesma não tem tampouco a possibilidade de suportar alguma coisa?[119] *[233]* Aliás, como poderia a matéria ser um mal? Se, de fato, esta não existe de nenhum modo, não é nem um bem nem um mal; se, ao contrário, é alguma coisa, mas todas as coisas que existem derivam do bem, então esta deriva do bem e, daí, ou o bem pode produzir o mal, ou o mal, derivando do bem, é bom, ou ainda o mal pode produzir o bem, ou o bem, derivando do mal, é mal; ou o bem e o mal são dois princípios, e dependentes, por sua vez, de um outro princípio único. *[234]* Se, de outro lado, como dizem, a matéria é necessária para o acabamento de todo o universo, de que modo a matéria é um mal? De fato, o mal *[729B]* e aquilo que é necessário são duas coisas diversas. E de que modo aquele que é bom pode fazer nascer do mal um ser? Ou de que modo é mal aquilo que é necessário ao bem? Pois o mal foge da natureza do bem. Ou de que modo a matéria, se é má, gera e nutre a natureza? Pois o mal, enquanto é mal, nada produz, nada nutre, nem faz ou salvaguarda de fato alguma coisa[120]. *[235]* Se dizem, porém, que a matéria não produz a malícia nas almas, mas as atrai, como uma tal afirmação pode ser verdadeira, se muitas almas voltam seu olhar para o bem? E de que modo isto poderia acontecer, se a matéria as arrastasse completamente para o mal? Portanto, não é da matéria que vem o mal que está nas almas, mas de um movimento desordenado e irregular. Se, por fim, dizem que isto segue completamente a matéria, e que a memória instável é necessária às coisas que não podem subsistir por si mesmas, de que modo o mal é coisa necessária, ou aquilo que é necessário pode ser um mal?.

§ 29. *[236]* *[729C]* Mas tampouco aquilo que chamamos privação pode, em virtude de sua própria potência, combater o bem. É evidente que a privação total não é capaz de nada, ao passo que a privação parcial

---

[119] A matéria, se é alguma coisa, participa de uma forma e, portanto, do bem; se se considera em si mesma, nada é e, como tal, não somente não pode fazer o mal, mas tampouco pode suportar algo.

[120] Não existe, por essa razão, um princípio do mal, um mal-em-si (*autokakón*), como existe um princípio do ser, da vida, etc.

tem algum poder, não enquanto privação, mas enquanto não é privação de tudo. De fato, sendo privação parcial de bem, não é ainda um mal, e, tornando-se completa, a natureza mesma do mal já desapareceu[121].

§ 30. *[237]* Portanto, resumindo tudo, o bem deriva de uma causa única e total, ao passo que o mal, de uma multiplicidade de defeitos particulares. *[238]* Deus conhece o mal enquanto é bem, e para ele as causas do mal são potências produtoras do bem. *[239]* E se o mal é eterno, cria, tem poder, é real e age, donde derivam para ele todas estas coisas? Seria *[732A]* talvez do bem? Ou o bem procederia do mal? Ou ambos viriam de uma outra causa? *[240]* Tudo aquilo que existe segundo a natureza é produto de uma causa definida. Se, portanto, o mal é sem causa e sem definição, não é conforme à natureza; pois nem está na natureza aquilo que é contra a natureza, nem existe na arte uma razão privada de arte. *[241]* Acaso então a alma produziria o mal, como o fogo produz o calor, e encheria de malícia todas as coisas das quais se aproxima? Ou a natureza da alma é boa, mas em suas operações se comporta às vezes de uma maneira, às vezes de outra? Mas se o ser dela é naturalmente mau, donde lhe vem o ser? Talvez da causa boa que criou todas as causas que existem? Mas se deriva desta causa, como nela existe um mal por essência, se todas as coisas geradas desta causa são boas? Se a alma é má por seus atos, tampouco esta coisa é imutável[122]; do contrário, donde derivariam as virtudes, se aquela não tivesse tido a forma do bem? Portanto, resta concluir que o mal *[732B]* é enfraquecimento e privação do bem.

§ 31. *[242]* Uma só é a causa de todos os bens. Se o mal se opõe ao bem, as causas do mal são muitas; todavia, o que produz o mal não

---

[121] Podemos falar somente de privação parcial porque esta "não é substância, mas se refere àquilo que está privado da forma que deveria ter" (PG 4, 301 A).

[122] "A natureza da alma é boa, porque foi criada pelo bem, e os seus são bons. De fato, vemos que os homens bons realizam as obras adequadas, mas o mal sobrevém em consequência de uma mudança e de uma falta de bem. Portanto, o mal não está na natureza e não é subsistente" (PG 4, 304B).

são razões nem potências, mas a impotência, a fraqueza, a mistura desproporcionada de coisas dessemelhantes. O que é mal não conhece nem repouso nem a perpetuidade do mesmo estado, mas é infinito e indefinido e flutua através de outras realidades também indefinidas. *[243]* De todos os males, o princípio e o fim será o bem; de fato, por causa do bem, nascem todas as coisas que são boas, e todas aquelas que são contrárias, pois, na verdade, também essas coisas nós fazemos desejando o bem, visto que ninguém efetua nenhuma operação com os olhos voltados para o mal; por essa razão, o mal não tem subsistência, mas uma espécie de falsa subsistência[123] *[732C]* porque nasce não por causa de si mesmo mas por causa do bem.

§ 32. *[244]* É preciso atribuir ao mal um ser acidental e de origem estranha e que não tendo seu princípio próprio em si mesmo. Quando se produz, parece ser correto, porque se realiza em vista de um bem, mas, na realidade, não é um bem, visto que tomamos como bem o que não é bem. Demonstrou-se já que uma coisa é aquela que se deseja, e outra, aquela que se obtém. Então, o mal é sem caminho, sem escopo, sem natureza, sem causa, sem princípio, sem fim, sem limite, sem vontade e sem subsistência. *[245]* Portanto, o mal é privação, defeito, debilidade, falta de medida, *[732D]* pecado, falta de escopo, de beleza, de inteligência, de razão, de perfeição, de fundamento, de causa, de limite, de produção, de ação, de atividade, de ordem, de semelhança, de definição, tenebroso, privado de substância e por si mesmo não possui jamais ser em nenhuma parte de nenhum modo. *[246]* Como, portanto, o mal pode fazer alguma coisa pela mistura com o bem? De fato, aquilo que é completamente privado do bem *[733A]* não é nada e nada pode; se o bem é um ser voluntariamente desejado, potente e eficaz, como terá algum poder aquilo que é contrário ao bem, enquanto é privado de ser, de vontade, de faculdade e de atividade? *[247]* Nem todas as coisas são completamente más em si mesmas do mesmo modo para todos: para o demônio o mal é

---

[123] Isto é, um reflexo da subsistência.

estar fora da inteligência conforme o bem; para a alma, o colocar-se fora da razão; para o corpo, o operar contra a natureza.

§ 33. *[248]* Como pode existir o mal, uma vez que há uma providência? O mal enquanto mal nem é nem está nos seres. E nenhum dos seres está separado da providência, nem existe mal que não seja de algum modo misturado com o bem. Se, portanto, nenhum ser *[733B]* é completamente privado do bem, e o mal é a ausência do bem, nenhum dos seres é completamente privado de bem, a providência divina concerne a todos os seres, e nenhum dos seres é separado da providência. *[249]* Mas a providência, em vista do bem, se serve dos males que acontecem para a utilidade, comum ou privada, daqueles que os cometem ou dos outros *[250]* e provê a cada um dos seres de modo adequado. Por essa razão, não aceitaremos o raciocínio absurdo dos que dizem que a providência deveria conduzir-nos à virtude, mesmo contra o nosso querer, pois não é tarefa da providência violar a natureza. Daí, a providência, como conservadora da natureza de cada um, provê a todos os seres dotados de liberdade levando em conta esta mesma liberdade, tanto aos universais como aos particulares, como convém a todos e a cada um, na medida em que a natureza daqueles aos quais esta provê é capaz de acolher os benefícios providenciais dados *[733C]* de modo conveniente a cada um pela providência universal e geral.

§ 34. *[251]* Portanto, o mal nem é ser nem está nos seres. De fato, não existe em nenhuma parte o mal como mal, e o fato de que o mal exista deriva, não da potência, mas da debilidade. *[252]* O que os demônios possuem de ser tanto provém do bem como é bom; o que, porém, possuem de mau resulta de sua queda em relação aos bens que lhes são próprios, e o de fato de terem modificado o seu estado e sua condição é um enfraquecimento da perfeição que convém à sua natureza angélica. *[253]* E inclinam-se ao bem enquanto se inclinam a ser, *[733D]* a viver e a pensar, e, enquanto não se inclinam ao bem, inclinam-se àquilo que não é; e isto não é inclinação, mas, antes de tudo, a ausência da verdadeira inclinação.

§ 35. *[254]* Pecam conscientemente, dizem as Escrituras, aqueles que não têm a força de conhecer o bem, que não pode estar escondido, ou de praticá-lo; *[736A]* aqueles que conhecem a vontade divina, mas não a cumprem; aqueles que a acolheram, mas fraquejam na fé e na realização do bem; aqueles que não têm a vontade de compreender para fazer o bem por causa da perversão ou da fraqueza da própria vontade (cf. Lc 12, 47; Rm 14, 23). Em suma, o mal, como dissemos frequentemente, é fraqueza, impotência e privação ou de ciência ou de conhecimento que não pode permanecer escondido ou de fé ou de desejo ou de operação do bem. *[255]* Mas alguém poderia dizer: "A fraqueza não se deve punir; ao contrário, deve-se perdoar a ela". Se fosse coisa impossível ter em si a força, o raciocínio seria justificado; mas como o poder deriva do bem enquanto este dá a todos de maneira abundante, segundo a Escritura, aquilo de que todos têm necessidade (cf. Jz 1, 5), não se podem aprovar a falta de posse, a perversão, a perda e a destruição dos bens particulares que derivam do bem. Mas *[736B]* essas coisas foram suficientemente expostas, segundo a nossa possibilidade, no livro *Sobre o justo e o juízo de Deus*[124], e nesta obra sacra a verdade das Escrituras destruiu como a discursos estultos os raciocínios dos sofistas que falam de injustiça e de mentira da parte de Deus. *[256]* E agora de nossa parte foi bastante celebrado o bem como verdadeiramente digno de admiração, como princípio e fim de todas as coisas, como aquele que compreende todos os seres, como aquele que dá forma a todas as coisas que ainda não existem, como causa de todos os bens, como de nenhum mal causa, como providência e perfeita bondade, que tanto é superior às coisas que existem e àquelas que não existem como torna boas também as coisas más e as que são privadas de bondade, desejável a todos, amável, predileto e tudo o mais que, de modo conforme à verdade, esclarecemos, creio eu, nos pontos precedentes.

---

[124] Talvez uma obra que tratasse das consequências últimas do bem e do mal.

CAPÍTULO V

Do ser e também dos exemplares[125]

§ 1. *[257] [816B]* É preciso passar agora ao nome divino que verdadeiramente é do ser que verdadeiramente existe. Aqui nos contentaremos apenas em lembrar que o escopo de nosso discurso não é o de explicar a substância supersubstancial enquanto supersubstancial[126], porque isso é impossível, incognoscível, totalmente inexprimível, superior à própria união, mas o de celebrar o processo criativo do princípio substancial teárquico que procede para todas as coisas que existem. De fato, a denominação de Deus como bem, que explica todas as comunicações do autor de todas as coisas, estende-se às coisas que existem e às que não

---

[125] Inicia-se com este capítulo um exame dos nomes ser, vida e sabedoria, que indicam as determinações mais gerais da bondade divina. De fato, o bem se estende tanto às coisas que existem como àquelas que ainda não existem, ou porque são possíveis na mente de Deus, ou porque não são ainda aquilo que poderiam ser. O nome ser, ao contrário, se refere somente às coisas que existem, ao passo que vida e sabedoria têm um valor mais limitado, na medida em que se referem, respectivamente, aos seres vivos e aos viventes dotados de inteligência.

[126] Por substância supersubstancial lemos em grego *he hyperoúsios ousía*, que, para conservar o liame com as palavras precedentes, derivadas da raiz *en/on*, devemos traduzir por "a essência superessencial". O uno, ou seja, Deus, é dito substância (*ousía*) enquanto existe, mas supersubstancial (*hyperoúsios*) enquanto existe de modo diverso de todos os outros seres.

existem e está acima das coisas que existem e das que não existem[127]. O nome ser estende-se a todas as coisas que existem e está acima das coisas que existem. O nome vida estende-se a todos os viventes e está acima dos viventes. O nome sabedoria estende-se a todas as coisas intelectuais, racionais e sensíveis e está acima dessas todas.

§ 2. *[816C]* O nosso discurso deseja celebrar esses nomes divinos que manifestam a providência. Não promete absolutamente explicar a própria bondade, superior a toda substância, o ser, a vida e a sabedoria da divindade, superior a toda substância, que está acima de toda bondade, divindade, ser, vida e sabedoria que reside, como dizem as Escrituras, em lugares escondidos, mas celebra a providência que manifesta a bondade, bondade e causa de todos os bens, ser, vida e sabedoria, autora da substância, da vida e da sabedoria daqueles que participam do ser, da vida, da inteligência, da razão, da sensação. *[258]* Mas não desejamos distinguir o bem, o ser, a vida e a sabedoria, nem dizer que haja muitos princípios e divindades superiores e inferiores que produzem estas ou aquelas coisas, mas *[816D]* que de um só Deus são todas as boas processões e todos *[817A]* os nomes divinos por nós celebrados, e que um é a manifestação da providência perfeita de um só Deus, e os demais, a manifestação das coisas universais e particulares[128].

---

[127] "O bem se estende também às coisas que não existem, quer porque as chama à existência, quer porque, segundo o que foi dito em outro lugar (cf. DN IV, 697 A), também aquilo que não existe é bem quando tomado em Deus pela sua supersubstancialidade" (PG 4, 309 B).

[128] Dionísio polemiza com Proclo, filósofo neoplatônico da Antiguidade tardia, que considera os membros singulares da tríade inteligível [...] como causas autônomas (cf. *Teologia platônica* III 9-14 e *Comentário ao Parmênides* VI). Mas Dionísio, ao contrário, afirma claramente que aqueles nomes indicam a providência do único Deus sob diversos aspectos (cf. o escólio, PG 4, 312A-B). Todavia, embora aqueles nomes não sejam causas autônomas, faz-se necessário explicar se devem ser considerados como os primeiros entes, superiores aos anjos e distintos de Deus, ou como Deus mesmo enquanto Criador tais quais os atributos ou as energias da teologia oriental. Para elucidar tais questões, ver DN V, 820 A-C; XI, 953-956B; XII, 972 A-B.

§ 3. *[259]* Mas alguém poderia perguntar: "Então, uma vez que o ser supera em extensão a vida, e a vida supera em extensão a sabedoria, as coisas que têm vida são superiores às coisas que têm ser e são mais divinas e estão mais próximas de Deus? E às que têm vida, as coisas sensíveis, e a essas, os seres racionais, e aos seres racionais, as inteligências?". De fato, as coisas que participam de modo mais intenso dos dons de Deus deveriam ser melhores e *[817B]* superar as outras.

Mas, se se supusesse que as naturezas intelectuais estão privadas de substância e de vida, o discurso seria exato. Se, porém, as inteligências divinas superam todas as outras coisas existentes, e vivem acima de todos os outros seres viventes, e compreendem e conhecem melhor que a sensação e a razão e mais do que todos os outros seres aspiram ao belo e ao bem e deles participam, são elas que mais se aproximam do bem, que dele participam mais abundantemente e recebem maiores e mais numerosos dons, assim como os seres racionais são superiores aos sensíveis pela presença da razão superior, e os sensíveis, pela sensibilidade, e os outros, pela vida. E é verdade, creio eu, que as criaturas que melhor participam do Deus único e infinitamente doador estão mais próximas dele e são mais divinas do que as afastadas[129].

§ 4. *[261]* *[817C]* Mas visto que já tratamos desta questão, celebremos agora o bem como o verdadeiro ser e doador de ser para todas as coisas que existem. *[262]* "Aquele que é" (Ex 3, 14) é em potência e supersubstancialmente causa substancial de tudo e criador do ser, da existência, da hipóstase, da substância, da natureza; princípio e medida dos séculos; entidade dos tempos e dos séculos dos seres; tempo das coisas geradas; ser para o que existe de algum modo; geração para o que

---

[129] A superioridade pode ser considerada como extensão ou como valor. Como extensão, o ser é superior à vida e à inteligência porque compreende todos os seres, ao passo que como valor em primeiro lugar estão os seres inteligentes, que são os mais próximos de Deus. Todavia, a expressão permanece "um tanto obscura" (cf. PG 4, 312C-313A).

é gerado de algum modo[130]. Do ser derivam a duração, a substância, o ser, o tempo, a geração, o gerado, as coisas que existem *[817D]* nos seres e aquelas que existem e subsistem de algum modo. *[263]*. De fato, Deus não existe de tal ou tal modo, mas de maneira simples e indefinida, possuindo em si mesmo, conjuntamente e antecipadamente, todo o ser. Por isso é dito "rei dos séculos"[131], porque todo o ser existe e subsiste nele e em torno dele, *[264]* e ele nem era, nem será, nem se tornou, nem se torna, nem se tornará – ou antes: nem é. Mas ele é o ser para os seres, e não somente os seres, mas também o próprio ser dos seres procede daquele que existe antes dos séculos. Pois ele é o século dos séculos, o que existe antes dos séculos (cf. Gn 21, 33; Rm 16, 26).

§ 5. *[265] [820A]* Resumindo, portanto, digamos que para todos os seres e para todos os séculos o ser deriva daquele que preexiste. E todo século e tempo derivam dele, e princípio e causa de todo século e tempo e de tudo que de algum modo existe é aquele que a eles preexiste. E todas as coisas participam dele, e de nenhum dos seres ele se afasta. "E ele é anterior a todas as coisas, e todas as coisas subsistem nele" (Cl 1, 17). E, em uma palavra, se algo existe de algum modo, existe e é pensado e é conservado naquele que preexiste. *[266]* E o ser é colocado antes dos outros, que dele participam, e o ser em si mesmo é mais eminente que ser a vida-em-si, ou ser a sabedoria-em-si, ou ser a divina semelhança-em-si; e as outras coisas participam do ser antes de participar de todos os de que os seres participam. Na verdade, todas as coisas que são em e por si *[820B]*, das quais os seres participam, participam do ser em si e por si, e nada existe de que o ser em si

---

[130] Deus, primeiramente definido como "Aquele que é", como causa que faz subsistir todos os seres, está acima de tudo o que existe. Mas segundo a concepção de Dionísio, os seres existentes se dividem em seres que permanecem estáveis em si mesmos, ou entes, e seres sujeitos ao vir-a-ser, cuja existência é denominada, respectivamente, eternidade (*aión*) e tempo (*khrónos*); cf. PG 4, 313 B - 316 C; DN X, 937 C - 940 A.

[131] 1Tm 1, 17. É costume de Dionísio ligar os temas platônicos às citações bíblicas.

não seja substância e duração[132]. Portanto, Deus é celebrado de modo conveniente como preexistente a todos os outros pela preeminência dos dons dele. *[267]* E, de fato, aquele que possui primeiramente e superiormente o ser primeiro e superior é todo o ser, quer dizer, o ser em si e por si, e mediante esse mesmo ser formou a substância do que existe de algum modo. Assim todos os princípios dos seres que participam do ser existem e são princípios, mas primeiro existem, depois são princípios. E se queres afirmar que a vida-em-si é o princípio dos viventes enquanto viventes, e a semelhança-em-si é o princípio dos semelhantes enquanto semelhantes, e a união-em-si é o princípio das coisas unidas enquanto coisas unidas, e a ordem-em-si é o princípio das coisas ordenadas enquanto coisas ordenadas, e *[820C]* das outras, que participam deste ou daquele ou de ambos ou de muitos, o princípio é este ou aquele ou ambos ou muitos, descobrirás que as participações-em-si, primeiro, participam por si do ser e, primeiro, subsistem pelo ser; depois, são princípios deste ou daquele e, por participar do ser, existem e participam[133]. Se, porém, essas coisas existem pela participação no ser, com mais forte razão existem os seres que participam delas.

§6. Portanto, a suprema bondade, ao fazer proceder o primeiro dom do ser-em-si, é celebrada por causa da primeira, preeminente, das participações. *[268]*. E dela saem e nela estão tanto o ser mesmo como os princípios dos seres *[820D]* e todos os seres e tudo o que, de algum modo, pertence ao ser, e isso de modo inapreensível, sintético, unitário. *[269]* De fato, na unidade todo número preexiste uniformemente, e a unidade contém em si singularmente todo número, e todo número é unido na unidade, mas quanto mais se afasta da unidade, tanto mais

---

[132] O ser-em-si é o primeiro dom de Deus que torna possíveis os outros dons, ou seja, os faz existir e permanecer na existência.

[133] Como os viventes existem enquanto participam da vida, os semelhantes são tais porque participam da semelhança, e assim essas participações originárias (participações-em-si) subsistem enquanto participam do ser-em-si.

[821A] se distingue e se multiplica. *[270]* Ora, no centro, todas as linhas do círculo estão juntas segundo uma única unidade, e um ponto possui em si todas as linhas retas, uniformemente unificadas umas em relação às outras e em relação ao único princípio do qual provêm, e no centro mesmo unem-se perfeitamente. Quanto menos distam dele, tanto menos divergem, e, quanto mais distam, tanto mais divergem. Em suma, quanto mais se aproximam do centro, tanto mais se unem tanto a ele como às outras, e, quanto mais distam dele, tanto mais divergem das outras.

§ 7. *[271]* Na natureza total do todo, as razões da natureza de cada ser estão reunidas segundo uma só união sem confusão[134], *[272]* e também na alma, de maneira uniforme, as faculdades de todo o corpo que provêem tudo segundo as partes. *[273]* Portanto, não é absurdo que, subindo de pálidas imagens até a causa de todas as coisas, contemplemos, com olhos que vão além deste mundo, todas as coisas na causa única de tudo e, de maneira singular e unificante, as coisas contrárias umas às outras. *[274]* De fato, ela é o princípio dos seres do qual derivam o próprio ser e tudo que existe de algum modo, todo princípio, todo fim, toda vida, toda imortalidade, toda sabedoria, toda ordem, toda harmonia, toda potência, toda conservação, toda situação, toda distribuição, toda inteligência, toda razão, toda sensação, todo hábito, toda estabilidade, todo movimento, toda união, toda mistura, toda amizade, toda concordância, toda distinção, todo limite e *[821C]* todas as coisas que, existentes pelo ser, caracterizam todas as coisas que existem.

§ 8. *[275]* Da mesma causa de todas as coisas saem também as substâncias inteligíveis e inteligentes dos anjos divinais, as naturezas das almas e de todo o mundo e tudo o que se diz de algum modo ou subsistir

---

[134] Em grego: *katà mían asýnkhyton hénosin*. Nesta passagem a "união sem confusão" é sempre a união com o princípio de todas as coisas que emanaram do uno. Este princípio é "a bondade-em-si". No capítulo XI sobre a paz (DN XI, 949 C), o princípio da união é a paz (*hénosis eirenetiké*). Cf. Y. DE ANDIA, *Henosis. L'union à Dieu...*, 256-257.

em outros ou existir segundo o pensamento[135]. *[276]* E, na verdade, as virtudes perfeitamente santas e digníssimas, que existem verdadeiramente e estão, por assim dizer, nos vestíbulos da trindade supersubstancial, têm seu ser e sua existência divina por ela e nela, *[821D]* e as inferiores têm ser inferior, e as últimas, ser último. *[277]* E as almas e todos os outros seres têm seu ser e ser bem segundo a mesma proporção: são e são bem por tirar seu ser e ser bem àquele que preexiste, por ser e ser bem nele, por receber dele o princípio, por ser conservados nele, por terminar nele. *[278]* De fato, ele distribui os graus mais altos do ser entre as melhores naturezas, que as Escrituras chamam eternas; o ser em si de todos os seres, porém, não falta a nenhum ser. *[279] [824A]* O ser em si deriva daquele que preexiste, e dele vem o ser, e não ele do ser; e nele reside o ser, e não ele no ser; e o ser o tem, e não ele o ser. Aquele que preexiste é duração, princípio e medida do ser, pois precede toda substância e é princípio eficiente, meio e fim do ser, da duração e de tudo. *[280]* E por isso, de acordo com as Escrituras, aquele que realmente preexiste multiplica-se segundo a consideração de todos os seres existentes, e dele podemos propriamente celebrar que era, que é, que será, que se tornou, que se torna e que se tornará. Pois isso tudo, para os que o celebram convenientemente, significa que, segundo toda consideração, ele existe de maneira supersubstancial e é causador de absolutamente todos os seres. Pois não é para pensar que ele seja uma coisa, e não outra; que esteja aqui, e não ali; mas *[824B]* ele é todas as coisas, por ser causador de todas e conter e ter antecipadamente em si todos os princípios, todos os termos de todas as coisas que existem, e está acima de todas as coisas, por existir supersubstancialmente antes de todas as coisas. Por isso, todas as coisas dele se predicam simultaneamente, mas ele não é nenhuma de todas as coisas. Tem toda figura, tem todo aspecto; não tem forma, não

---

[135] Aquilo que existe no pensamento são os acidentes e os seres de razão. Assim explica Paquímeres: "Dionísio distingue os seres de razão dos acidentes porque estes, se bem que subsistam em outros, são percebidos pelos sentidos, ao passo que aqueles não se percebem com os sentidos mas só com o pensamento" (PG 3, 814 D).

tem beleza[136]; tem antecipadamente em si os princípios, os meios e os fins das coisas que existem, de modo inapreensível e puríssimo, e ilumina todos com o ser, segundo uma causa única e simplíssima. *[281]* Pois, se este nosso sol, bem que seja único e irradie luz uniforme, renova as substâncias e qualidades das coisas sensíveis, ainda que sejam numerosas e diversas, e a tudo nutre, conserva, aperfeiçoa, distingue, une, aquece, *[824C]* faz ser fecundas, aumenta, altera, situa, faz brotar, eleva, vivifica, e cada uma de todas as coisas participa, de maneira a ela apropriada, do mesmo e único sol, e o sol que é uno compreende em si mesmo uniformemente as causas de muitos que participam dele, com mais forte razão é preciso admitir que preexistam na causa dele e de todas as coisas todos os exemplares[137] dos seres, segundo uma única união supersubstancial, já que ele produz as substâncias na medida em que sai da substância. *[282]* O que chamamos exemplares são as razões que produzem os seres em Deus e nele preexistem de maneira unitária, as quais a Sagrada Escritura chama predeterminações e decretos divinos e bons que determinam e

---

[136] Literalmente: "sem forma, sem beleza", mas no sentido de que está além da forma e da beleza.

[137] Esses exemplares (*paradeígmata*), definidos como razões (*lógoi*) que produzem todas as coisas, evocam as ideias platônicas e são interpretados em estreita relação com os princípios (*arkhaí*) das coisas e com as participações que tornam possível a criação (*autometokhaí*: cf. DN V, 820 C; XII, 972 B). Tais exemplares constituem uma espécie de mundo ideal, que serve como mediador entre Deus e os seres criados. A leitura dos textos sugere as seguintes interpretações. De um lado, constata-se uma oscilação na doutrina de Dionísio. Quando este afirma que Deus "compreende [...] em si as causas de todas as coisas" (DN VII, 872 C), parece identificar os exemplares com Deus. Isto poderia ser confirmado pelo fato de que os anjos da primeira tríade vêem a Deus "sem intermediários", razão pela qual não existiriam realidades criadas acima deles. De outro lado, alguns textos (cf. DN V, 829 C-D; XI, 954 C - 956 B) parecem estabelecer entre Deus e as ideias uma relação análoga àquela que existe entre Deus e os outros seres, razão pela qual os exemplares seriam o primeiro grau do ser. Segundo B. BRONS, é mais prudente limitar-se à constatação da oscilação doutrinal de Dionísio (cf. *Gott und die Seienden. Untersuchungen zum Verhältnis von neuplatonischer Metaphysik und christlicher Tradition bei Dionysius Areopagita*. Göttingen, Vandenhoeck & Ruprecht, 1976, 154-162).

produzem os seres, segundo as quais o Deus supersubstancial estabeleceu antecipadamente e produziu todas as coisas que existem.

9. *[283] [824D]* Se o filósofo Clemente pensa que se devam chamar exemplares aqueles que são os mais primordiais nas substâncias, o discurso dele não procede com um vocabulário próprio, perfeito e simples. Os que supõem, porém, que isso seja dito corretamente é necessário que se recordem da Escritura, *[825A]* que afirma: "Eu não te mostrei aquelas coisas para que permanecesses atrás delas", mas a fim de que, mediante um conhecimento analógico, nos elevássemos em direção à causa de todas as coisas[138]. *[284]* Portanto, é necessário dirigir a ela todas as coisas que existem, segundo uma só unidade eminente, porque é a partir do ser que, por principiar pela processão e bondade geradora, por iluminar tudo, por encher tudo espontaneamente com o ser, por alegrar-se com todas as substâncias, de um lado, antecipadamente tem tudo em si, a tomar toda duplicidade segundo uma única abundância de simplicidade, e, de outro lado, contém tudo em sua indefinição supersimplificada e de tudo participa unificadamente, assim como também a voz, que é uma única e mesma, é participada como uma única a muitos ouvintes.

10. *[825B]* Portanto, princípio e fim de todas as coisas que existem é aquele que preexiste. Ele é o princípio como causador, ele é o fim como causa final, confim de todas as coisas, indefinição de toda indefinição e dos confins das coisas que se contrapõem. Pois, no uno, como muitas vezes se disse, contém antecipadamente e faz subsistir todas as coisas que existem, por estar presente a todas, em toda parte, segundo

---

[138] Para Dionísio, os exemplares são as razões de todos os seres singulares preexistentes em Deus, ao passo que para o filósofo Clemente são os primeiros seres das diversas ordens de realidade. Dionísio, mesmo não aceitando esta explicação, acrescenta de imediato que, se fosse exata, deveríamos estar atentos para não considerar como seres divinos os exemplares assim concebidos, mas partir desses a fim de elevar-nos até Deus por meio de um conhecimento analógico. No conjunto, o texto alude a Sb 13, 5, que é retomado em Rm 1, 20, e cita Ex 25, 40; Dt 4, 19.

um único e mesmo, segundo o todo; por projetar-se em todas as coisas e por permanecer em si; por firmar-se e mover-se sem firmar-se e sem mover-se; por não ter princípio, nem meio, nem fim; por não estar em nenhum dos seres nem ser nenhum dos seres. A ele não convêm totalmente nem alguma das coisas que existem eternamente nem alguma das que subsistem temporalmente, mas está apartado tanto do tempo como da eternidade, de todas as coisas que existem no tempo e na eternidade; por isso, é a mesma eternidade e os seres e as medidas dos seres e tudo o que é medido *[825C]* por meio dele e a partir dele. *[285]* Mas encontraremos alhures ocasião melhor para tratar dessas coisas.

CAPÍTULO VI

Da vida

§ 1. *[856A]* Devemos agora celebrar a "vida eterna"[139], da qual deriva a vida-em-si e toda vida e pela qual o viver é disseminado, do modo apropriado a cada um, por tudo que de algum modo participa da vida. *[286]* Portanto, a vida dos anjos imortais, a imortalidade e a própria continuidade do eterno movimento angelical tanto existem como subsistem a partir daquela e por meio daquela graças à qual se diz que eles tanto vivem eternamente como são *[856B]* imortais e ao mesmo tempo não imortais, porque não é deles que depende o serem imortais e viverem eternamente, mas da causa vivificante e produtora e sustentadora de toda vida. *[287]* E, assim como dizíamos sobre o ser que ele é a duração do ser-em-si, assim também novamente dizemos que a vida divina é vivificadora e sustentadora da vida-em-si, e que toda vida e movimento vital derivam da vida que está acima de toda vida e de todo princípio de toda vida. *[288]* Dela tanto as almas tiram a incorruptibilidade, como todos os animais e plantas, segundo o último grau da vida, tiram o viver. Suprimida ela, segundo a Escritura, extingue-se toda vida, e aquilo que, pela fraqueza relativa a participar dela, está extinto *[856C]* novamente se torna vivente, se novamente se converte para ela.

---

[139] Vida como Deus. A expressão, porém, é bíblica (cf. Jo 6, 27. 40; passim).

§ 2. *[289]* Em primeiro lugar, concede à vida-em-si o ser vida, e a toda vida e à vida de cada um, o ser cada vida propriamente aquilo que é por natureza. Às vidas supracelestes confere a imortalidade imaterial, divina e imutável e o contínuo movimento inflexível e indeclinável, a estender-se, graças à superabundância de bondade, também à vida dos demônios; pois essa não tira de outra causa o ser, mas daquela mesma tira o ser vida e manter-se demoníaca. *[290]* Além disso, concede aos homens vida semelhante à angélica, adequada a eles, porque mistos, e, por transbordamento de amor ao homem, para si tanto converte como chama os que dela nos afastamos. *[292] [856D]* E o que é mais divino ainda é que a nós, digo, às almas e corpos unidos, se prometeu transferir-nos para uma vida perfeita e imortal. O caso aos antigos talvez parecesse contrário à natureza; para mim, porém, para ti e para a verdade parece divino e superior à natureza. Ora, superior à natureza, digo, *[857A]* que é vista por nós, não àquela onipotente da vida divina; pois, para essa, na medida em que subsiste à natureza de todos os viventes e maximamente daqueles mais divinos, nenhuma vida é contrária à natureza ou superior à natureza. Assim, sejam banidos do coro divino e da tua santa alma os arrazoados contraditórios do inepto Simão acerca disso. Pois a ele, que se cria sábio, escapou, como creio, que um homem sensato não deve usar de arrazoado conclusivo de evidência sensível, quando se trata da causa invisível de todas as coisas. E eis o que é para responder a ele: que ele fala contra a natureza, pois àquela vida nada é antagônico.

§ 3. *[293] [857B]* A partir dela são vivificados e guardados todos os animais e plantas, e, *[294]* quer digas vida intelectual, quer racional, quer sensitiva, quer nutritiva, quer amplificativa, quer alguma vida ou princípio de vida ou substância de vida, é a partir dela, que está acima de toda vida, que essa vive e vivifica, e é nela que unitariamente preexiste segundo a causa. *[295]* Pois a vida superior à vida e principiadora da vida é causa de toda vida e geradora de vida; completa e discerne a vida; da parte de toda vida deve ser celebrada, segundo a fecundidade de todas as vidas, como universal; toda vida contempla-a e celebra também como desnecessitada; ou melhor, é superabundante em vida, por ser a vida mesma e, na medida em que está acima de toda vida, produtora de vida e vida superior *[296]* ou o que quer que se possa celebrar da vida impronunciável.

CAPÍTULO VII

Da sabedoria, do intelecto, da razão, da verdade, da fé

§ 1. *[297] [865b]* Vamos, pois, se te parece bem, celebrar a vida boa e eterna não só como sábia mas como a sabedoria-em-si, ou melhor, como a que sustenta toda sabedoria, a que está acima de toda sabedoria, a que supera a compreensão. *[298]* Pois não só Deus é transbordante em sabedoria, e "a compreensão dele não se enumera", mas se situa acima de toda razão, entendimento e sabedoria[140]. *[299]* E isso entendera sobrenaturalmente aquele homem verdadeiramente divino, sol comum a mim e a meu mestre. Disse ele: "A loucura de Deus é mais sábia do que os homens"[141], *[300]* não só porque toda inteligência humana é algo errante, se comparada à estabilidade e permanência das intelecções divinas e perfeitas, mas também porque é costume dos escritores sagrados negar de maneira a fazer incidir em Deus os enunciados privativos.

---

[140] Ao falar de Deus, devemos proceder por afirmação e negação; cf. PG 4, 340 C-D.

[141] 1Cor 1, 25. O texto de Paulo diz respeito ao "escândalo" da cruz, que não cabe na lógica humana; já Dionísio faz uma referência ao conhecimento de Deus através da negação. Loucura não significa algo contrário à lógica humana, mas algo superior aos conceitos humanos. O apóstolo Paulo é apresentado como *theios aner* e como sol, ou seja, mestre de Dionísio e também do mestre Hieroteu.

Assim, as Escrituras dizem invisível aquilo que é luz todo-luminosa; *[865C]* digno de muitos louvores e de muitos nomes, aquilo que é inefável e anônimo[142]; inapreensível e inatingível aquele que é presente a todos e por todos é encontrado. Desse modo é que se diz que o divino apóstolo celebrou a loucura divina subindo do que nela parece contrário à razão e absurdo até a verdade inefável e contrária a toda razão. *[301]* Mas, como disse alhures, ao compreender de modo apropriado a nós o que está acima de nós e enredar-nos na familiaridade dos sentidos e comparar o divino ao que é conforme a nós, iludimo-nos, por procurar a razão divina e inefável segundo o aparente. *[302]* Deve-se saber que o intelecto conforme a nós possui, de um lado, a aptidão para compreender, mediante a qual vê as coisas inteligíveis, e, de outro lado, a união que supera a natureza do intelecto por meio da qual atinge as coisas superiores a ela mesma. *[865D]* É segundo essa, portanto, que é necessário entender as coisas divinas, não segundo nós, mas inteiramente externos[143] a nós mesmos, *[868A]* isso, porém, depois de inteiros sairmos inteiramente de nós e inteiros fazer-nos de Deus, *[303]* pois é melhor ser de Deus que de nós. Pois assim as coisas divinas serão concedidas aos que se fizeram partícipes de Deus[144]. *[304]* Portanto, celebrando de modo extraordinário essa sabedoria irracional, ininteligível, louca, digamos que é causa de toda inteligência e razão, de toda sabedoria e compreensão, e

---

[142] Aqui Dionísio fornece a justificativa da superioridade da loucura de Deus: a teologia negativa que "converte" os enunciados privativos. Assim, por exemplo, o "invisível" (Cl 1, 15) é dito "luz toda brilhante", o "indizível e não-nomeado" (2 Cor 12, 4), etc.

[143] Sobre o êxtase, ver DN III, 681 D (*holos existamenos heautou*); MT 1001 A; Rm 14, 7; 2Cor 5, 13; 5, 15; Fl 1, 23.

[144] Esta passagem relaciona estreitamente união, êxtase e divinização. A união é a união do intelecto e das realidades divinas acima do intelecto; por essa razão, ela não pode realizar-se senão pela saída de nós mesmo e pela posse de Deus que é o êxtase. É segundo esta união (*katà tèn hénosin*) que é preciso pensar a Deus, e não segundo nossas medidas, de maneira a tornar-nos "de Deus" – neste sentido, aliás, Dionísio separa-se de Plotino, que diz: "de maneira a tornar-nos 'Deus'" – e a estar em Deus e com Deus.

que dela é toda deliberação, e que dela derivam todo conhecimento e compreensão, e que nela estão "escondidos todos os tesouros da sabedoria e do conhecimento". Pois, em conformidade com o que já se disse, a causa mais-que-sábia e todo-sábia é o sustentáculo da sabedoria-em-si, quer dela inteira, quer dela segundo cada um.

§ 2. *[305] [868]* É dela que as potências inteligíveis e inteligentes das inteligências angélicas têm as suas intelecções simples e bem-aventuradas. *[306]* Sem congregar o conhecimento divino em particularidades ou a partir de sensações ou razões discursivas e sem ater-se a um particular com base em algo comum, purificadas, porém, de todo material e multiplicidade, intelectualmente, imaterialmente, uniformemente entendem os inteligíveis do divino. *[307]* E cabem-lhes a potência intelectual e ação que resplandece com pureza distinta e imaculada; contempladoras das inteligências divinas pela invisibilidade e imaterialidade; de modo divinamente uno, modeladas, quanto possível, segundo a inteligência e razão divinas e supersábias. *[308]* Por causa da sabedoria divina, também as almas têm o racional; de um lado, a versar sobre a verdade dos seres discursivamente e em círculo *[868 C]* e subordinar-se às inteligências unidas pela divisibilidade e amplitude da variedade; de outro lado, pela conversão do múltiplo ao uno, a merecer, quanto apropriado e possível às almas, também as intelecções semelhantes às angélicas. *[309]* Mas afirmarias sem erro que as próprias sensações são como ecos da sabedoria. *[310]* Na verdade, também a inteligência demoníaca, porquanto inteligência, procede dela; na medida em que, porém, é desarrazoada, que não sabe nem deseja atingir aquilo para que tende, é mais apropriado chamá-la ausência de sabedoria. *[311]* Mas, de um lado, diz-se que a sabedoria divina é *[312]* princípio, causa, substrato, perfeição, conservação, confim da autêntica e total sabedoria, de toda inteligência, razão, de toda sensação; de outro lado, como se celebra Deus, o mais que sábio, como sabedoria, inteligência, razão, *[868 D]* conhecimento? *[313]* Pois como entenderá algum dos inteligíveis, sem ter atividade intelectual, e como conhecerá os sensíveis, assentado além de toda sensação? No entanto, a Escritura (cf. Jo 21; 17; Sl 137) afirma que ele conhece todos os racionais, e que nada foge ao conhecimento divino. Mas, como afirmei muitas vezes, *[869A]* é preciso entender as coisas divinas de modo apropriado a Deus. Pois, por excesso, e não por falta, é necessário atribuir a Deus *[314]* a privação de inteligência e a privação de sensação[145], assim como também o irracional impomos ao que está acima da razão, e a imperfeição, ao que está acima da perfeição e antes da perfeição, e a treva inapreensível e invisível, à luz inacessível (cf. 1Tm 6, 16), por exceder a luz visível[146]. Assim, a inteligência divina contém todas as coisas *[315]* com uma cognição separada de tudo, a antecipar em si a vista de todas as coisas segundo a causa de todas as coisas, a ver e conduzir os anjos antes de os anjos nascer, a ver todo o mais internamente e, por assim dizer, a partir do princípio mesmo e conduzi-lo à substância. *[316]* É isso, creio, que transmite a Escritura, quando diz: "Aquele que vê todas as coisas antes de sua existência" (Dn 13, 42). Pois não é que a inteligência divina sabe aprendendo os seres a partir dos seres, mas a partir de si e em si, segundo a causa, ela tem e compreende antecipadamente a vista, o conhecimento, *[869B]* a substância de todas as coisas, sem considerar cada coisa segundo a espécie, mas sabendo e contendo tudo segundo a única compreensão da causa, assim como também a luz antecipa em si, segundo a causa, a vista das trevas, não vendo as trevas senão a partir da luz[147]. *[317]* É, portanto, conhecendo a si mesma que a sabedoria divina conhecerá tudo: imaterialmente, as coisas materiais; indivisivelmente, as coisas divisíveis; unitariamente, as coisas múltiplas; a conhecer e produzir tudo no uno mesmo.

---

[145] Literalmente: a "ininteligência" e a "insensibilidade" (*tò ánoun kaì anaístheton*).

[146] Dionísio distingue aqui a natureza e o modo do conhecimento de Deus e o modo de conhecimento. Eis a segunda distinção necessária para pensar a Deus: a primeira era a distinção entre a teologia afirmativa ou catafática e a teologia negativa ou apofática; a segunda é a distinção entre "supereminência" ou "excesso" (*kath' hyperochén*) e "privação" ou "defeito" (*kat' élleipsin*).

[147] A originalidade de Dionísio em relação ao neoplatonismo tardio não consistiu somente em ter identificado com Deus o uno da primeira e o uno da segunda hipóstase do *Parmênides*, mas também em ter identificado com Deus a segunda hipóstase, o intelecto, o que lhe permite pensar a *scientia Dei*.

Pois, se Deus concede o ser a todos seres segundo uma única causa, saberá tudo segundo aquela mesma causa, na medida em que tudo procede dele e nele preexiste, e não receberá dos seres o conhecimento deles, mas será o autor do conhecimento que cada um tem de si e que uns têm dos outros. *[318]* Portanto, Deus não tem *[869C]* um conhecimento especial de si, e um outro que compreende em geral todos os seres. Pois a causa de tudo, ao conhecer-se a si mesma, de nenhum modo ignorará o que dela procede e de que ela é causa. *[319]* Logo, por essa Deus conhece os seres, não com a ciência dos seres, mas com a ciência de si[148]. E, de fato, a Escritura afirma que também os anjos sabem as coisas que se estão na terra, conhecendo-as não segundo os sensíveis, mas segundo a potência e natureza próprias da inteligência feita à imagem de Deus[149].

§ 3. *[320]* Além disso, é necessário investigar de que modo nós conhecemos a Deus, que não é inteligível, nem sensível, nem nada do que em geral existe. *[321]* Não é verdade, portanto, que conhecemos a Deus, não a partir da natureza dele, pois que é algo incognoscível *[869D]* e superior a toda razão e inteligência, mas a partir da ordem de todos os seres, na medida em que é tirada dele e contém algumas imagens e semelhanças dos exemplares divinos dele, *[872A]* nos elevamos, segundo nossas forças, com método e ordem, em direção àquilo que é superior a tudo na falta e excesso de tudo e na causa de tudo? *[322]* Por isso, Deus é conhecido tanto em tudo como fora de tudo. Deus é conhecido por

---

[148] Esta concepção da *gnôsis toû theoû* influenciará a Idade Média e particularmente a *scientia Dei*, a julgar pela *Suma de teologia* de S. Tomás de Aquino: I, q. 14, a. 5: *Utrum Deus cognoscat alia a se* [...]. *Sed contra*: "Tudo é nu e descoberto aos olhos d'Ele" (Hb 4, 13). *Resp.*: Deus conhece todas as coisas, não em si mesmas, mas em si mesmo (*non ipsis sed in seipso*); a. 7: *Utrum scientia Dei sit discursiva* [...]. *Sed contra*: "mas ele vê simultaneamente tudo"; a. 8: *Utrum scientia Dei sit causa rerum. Resp.*: "a ciência de Deus é a causa das coisas"; a. 11. *Sed contra*: A ciência de Deus tem a mesma extensão que a causalidade"; a. 14: "Ele conhece tudo por um ato de simples inteligência"; a. 16: "É em si mesmo que Deus vê tudo o que não é ele, e conhece a si mesmo com um conhecimento especulativo".

[149] O escoliasta cita Tb 11, 8; Jz 6, 21.

meio do conhecimento e por meio da ignorância[150], e a ele pertencem o entendimento, a razão, a ciência, o tato, o sentido, a opinião, a representação, o nome e todo o mais, e não é entendido nem arrazoado nem nomeado. E ele não é nenhum dos seres, nem é conhecido em nenhum dos seres, e ele é "tudo em todos", e não é nada em nenhum; e a partir de todos é conhecido em todos, e a partir de nada é conhecido em nenhum[151]. *[323]* Pois tanto isso dizemos corretamente acerca de Deus, como ele é celebrado por todos os seres, segundo a analogia de todos, na medida em que é o causador. E, por outro lado, existe um conhecimento diviníssimo de Deus que conhece por meio da ignorância, segundo a união que está acima[152] *[872B]* da inteligência, quando a inteligência, ao afastar-se de todos os seres e, em seguida, abandonar também a si mesma, se une aos raios superclaros, a resplandecer longe de lá e lá, na profundidade insondável da sabedoria[153]. *[324]* Todavia, como afirmei, deve-se conhecer essa sabedoria a partir de todas as coisas. Pois ela,

---

[150] Segundo Dionísio, existem duas espécies de conhecimento (*gnôsis*), um "conhecimento dos seres" (*gnôsis tôn ónton*) e um conhecimento que é a ignorância ou o desconhecimento (*agnosía*). O conhecimento que podemos ter de Deus é um conhecimento por analogia extraída dos seres (cf. DN V, 825 A) ou um "conhecimento do amor autêntico" (cf. DN IV, 709 C).

[151] Esta afirmação radical da incognoscibilidade divina parece contradizer a doutrina do conhecimento analógico consignada no "Capítulo V" de *Dos nomes divinos* (DN V, 825 A), mas significa simplesmente que o conhecimento de Deus não está no nível da *gnôsis tôn ónton*. Segundo Dionísio, o superlativo *he theiotáte theoû gnôsis* assinala degraus entre o conhecimento analógico de Deus e "o conhecimento diviníssimo" (cf. DN IV, 708 D; VII, 865 C).

[152] O que é obtido "por meio da ignorância" ou "por meio do desconhecimento" (*di'agnosías*) não é a união, mas tanto a deiformidade da alma ou sua divinização como o conhecimento diviníssimo. A *agnosía* e a *hénosis* são necessárias para obter a divinização e o conhecimento divino.

[153] A passagem do conhecimento analógico de Deus a partir dos seres para este outro conhecimento "mais divino", que é a ignorância na "união acima do intelecto", exige, em *Dos nomes divinos*, a separação do intelecto de todos os seres (*ho noûs tôn ónton pánton apostás*: DN 872 B) e, na *Teologia mística*, a "negação de todos os seres" (*he aphaíresis pánton tôn ónton*: MT II, 1025 A), a qual se realiza quando o intelecto se separa de todos os seres.

segundo a Escritura, é quem faz tudo, e sempre harmoniza tudo, e é causa da ordem e da concórdia indissolúvel de tudo, e sempre concilia os fins das primeiras coisas e os princípios das segundas, e atua belamente a conspiração e harmonia únicas do todo.

§ 4. *[325] [827C]* As Sagradas Escrituras celebram a Deus como "razão" (cf. Sb 18, 15), não só porque é o condutor da razão, da inteligência e da sabedoria, mas também porque antecipa em si, de maneira uniforme, as causas de todas as coisas, e porque "procede através de todas as coisas" ao penetrar, como afirma a Escritura[154], até o fim de todas as coisas, e mais ainda porque a razão divina é mais simples do que toda simplicidade e está livre de todas as coisas, acima dessas de modo supersubstancial. *[326]* Esta razão é a verdade simples e verdadeiramente subsistente, na qual, como em um conhecimento puro e inefável de todas as coisas, está a fé divina, o assento único dos fiéis, o qual os assenta na verdade e assenta neles a verdade, com a identidade fidedigna dos fiéis que têm o conhecimento simples da verdade. *[327]* Pois, se o conhecimento é unificador do que conhece e do que é conhecido, *[872D]* e a ignorância é causa de perene mudança para o ignorante e da divisão interna dele, aquele que tem fé na verdade, segundo a Sagrada Escritura, nada o demoverá do foco conformado à verdadeira fé, na qual terá a unidade da identidade imóvel e imutável. *[328]* Pois aquele que está unido à verdade sabe bem que caminha bem, ainda que muitos o acusem de desviado. De um lado, escapa-lhes, como é de esperar, ao desviar-se do erro para verdade por meio da verdadeira fé; de outro lado, ele mesmo verdadeiramente sabe que não delira, como dizem aqueles, mas que, por meio da verdade que se mantém simples sempre segundo

---

[154] Cf. Sb 7, 24. "Diz-se razão", observa o escoliasta, "porque tem em si mesmo as causas de todos os seres. De fato, as razões de toda a natureza estão n'Ele, na medida em que é causa de todo o criado, e por meio d'Ele todas as coisas foram criadas. As ideias e os exemplares estão n'Ele não como realidades distintas d'Ele mas como pensamentos eternos e razões que criam todas as coisas, isto é, como natureza" (PG 4, 353 B).

as mesmas coisas e do mesmo modo, está libertado do erro instável *[873A]* e alterável que infunde variação em tudo. *[329]* É assim que os principais mestres da nossa divina sabedoria morrem a cada dia pela verdade, testemunhando, como é de esperar, com toda palavra e obra, com a verdadeira cognição unificadora dos cristãos, que essa é tanto a mais simples como mais divina de todas ou, antes, que essa é o único conhecimento divino verdadeiro, único e simples.

CAPÍTULO VIII

Da potência, da justiça, da salvação, da redenção, e também da desigualdade

§ 1. *[330] [889C]* Mas, uma vez que os autores sagrados celebram a divina verdade e a sabedoria mais que sapiente como "potência"[155] e como "justiça"[156] e a chamam "salvação" (cf. Sl 35 (34), 3; 42 (41), 12) e "redenção" (cf. 1Cor 1, 30), expliquemos agora, quanto é possível a nós, também esses nomes divinos. Que a tearquia transcenda e ultrapasse toda potência, seja qual for, existente ou imaginada, não creio que nenhum dos que são versados nas Sagradas Escrituras o ignore. Pois, em muitas passagens, a divina Escritura atribui a ela o domínio, separando-a das próprias potências supracelestes (cf. Sl 24 (23), 10). Como, portanto, os autores sagrados a celebram como potência, já que apartada de toda potência? Ou como aplicaríamos a ela o nome de potência?

§ 2. *[332] [889D]* Digamos, pois, que Deus é potência, na medida em que tem em si, antecipadamente e eminentemente, toda potência, e

---

[155] Cf. 1Cor 1, 24, onde Cristo se diz "potência de Deus".

[156] Na Sagrada Escritura – especialmente em S. Paulo –, fala-se frequentemente da justiça de Deus (cf. Rm 1, 17; 3, 5; passim); como nome de Deus, porém, e precisamente de Cristo aparece somente em 1Cor 1, 30, juntamente com *hagiasmós* e *apolýtrosis* ou "santificação e redenção".

na medida em que é causador de toda potência e tudo produz segundo potência imperecível e indefinível, e na medida em que é causador do próprio ser potência, quer geral quer particular, *[333]* e na medida em que é infinitamente potente, não só por produzir toda potência, mas também por estar acima de toda potência e da potência-em-si, e por poder sobremaneira produzir infinitamente infinitas potências além das que existem, e por não poderem jamais as potências infinitas e produzidas também *[892A]* ao infinito enfraquecer a produção superinfinita da potência mesma produtora da potência[157]. *[334]* E, pela inefabilidade, incognoscibilidade e ininteligibilidade da potência mesma que se mantém acima de tudo, ou por causa da supersubstância da potencialidade, ela tanto dá poder à debilidade como compreende os mais fracos de seus ecos e reina sobre eles[158], assim como, nas potencialidades sensíveis, vemos que as luzes sobremodo claras chegam também até às vistas débeis, e afirmam que as intensidades dos ruídos entram também nos ouvidos quase avessos a facilmente ouvir. Pois o que não ouve de todo nenhuma audição tem, e o que não enxerga completamente nenhuma visão tem.

§ 3. *[892B]* Portanto, a onipotente distribuição de Deus penetra em todos os seres, e não existe nenhum ser que seja totalmente privado de toda potência e que não possua ou a potência intelectual ou a racional ou a sensível ou a vital ou a substancial. E o mesmo ser, se assim se pode dizer, recebe a potência de ser da parte da potência supersubstancial.

---

[157] A potência de Deus indica não somente aquilo que Deus faz, mas também e sobretudo aquilo que Deus pode fazer. No primeiro sentido, é dito *pantokrátor*, isto é, soberano de tudo aquilo que existe; no segundo, *pantodýnamos* ou *apeirodýnamos*, isto é, capaz de fazer todas as coisas ou infinitas coisas.

[158] "Chama debilidade as coisas materiais e os corpos terrenos, que são chamados ainda ressonâncias mais longínquas, por participarem da potência divina de maneira obscura e segundo atitude própria" (PG 4, 356 C-D). Cf. Fl 4, 13: "posso tudo naquele que torna potente"; Jl 1, 2-4, em que os gafanhotos que afligiram o Egito (Ex 10, 1-20) são ditos "grande potência".

§ 4. *[335]* Dela procedem as potências de forma divina das ordens angélicas. Dela extraem o ser imutável, e todos os eternos movimentos inteligíveis e imortais, e a própria constância e a indefectível aspiração ao bem, *[892C]* por causa da concessão da potência infinitamente boa de atribuir-lhes o poder e o serem o que são e manterem sempre o que são e o próprio poderem aspirar a sempre poder.

§ 5. *[336]* Os dons da potência inexaurível estendem-se também aos homens, aos animais, às plantas e à natureza inteira, *[337]* e ela dá aos seres unidos o poder de viver em amizade e comunhão recíproca, e aos seres distintos, o poder de ser sem mistura e sem confusão em relação ao ser, cada qual segundo a razão e definição própria, e ela resguarda as ordens e direções de tudo em vista do bem próprio, *[338]* e conserva incorruptíveis as vidas imortais das unidades angélicas, e inalteráveis os seres e ordens celestes, *[892D]* luminosos e estelares, e faz a eternidade poder existir, e as circunvoluções do tempo, de um lado, as distingue com processões e, de outro lado, as reúne com periodicidades, e faz inextinguíveis as potências do fogo, e perenes as correntes de água, e define a difusão do ar, e assenta a terra no nada, e conserva incorruptíveis as partes da própria geração da vida, e salvaguarda como sem confusão *[893A]* e sem divisão a harmonia e fusão recíproca dos elementos, e compõe o conjunto de alma e corpo, e movimenta as potências nutrição e crescimento das plantas, e reina sobre as potências substanciais de todas as coisas, e assegura a unidade indissolúvel do todo, e concede a própria deificação, oferecendo aos deificados o poder de chegar lá. Em suma, nenhum dos seres está completamente separado da firmeza onipotente e da proteção da potência divina; pois aquilo que não tem absolutamente nenhuma potência nem existe, nem é algo, nem existe de todo alguma proposição relativa a ele.

§ 6. *[339] [893B]* Portanto, afirma o mago Elimas: "Se Deus é onipotente, por que o vosso autor sagrado afirma que sua potência conhece um limite?" (cf. At 13, 8), e censura o divino Paulo, que afirma que Deus não pode negar a si mesmo[159]. *[340]* Ao propor isso, porém, temo muito que pareça, por ignorância, apegar-me a destruir os castelos de brinquedo de crianças que jogam, feitos de areia, frágeis, como se assinalasse algum escopo incompreensível do entendimento da divina Escritura concernente àquele caso. *[341]* Pois a negação de si é abandono de verdade; a verdade, porém, é o ser, e o abandono da verdade é abandono de ser. Se, portanto, a verdade é ser, e a negação da verdade é abandono de ser, Deus não pode abandonar o ser, e não é possível ele não existir, como se se dissesse que ele não pode não poder, e *[893C]* ele não sabe não saber por falta. *[342]* Sem pensar nisso, esse sábio imita os atletas privados de vitória, que muitas vezes, supondo, segundo o que lhes parece, que os seus adversários sejam frágeis, ao combater na sombra fortemente contra ausentes e ao golpear audaciosamente o ar com golpes inúteis, acreditam assim ter vencido os seus adversários, e proclamam-se vencedores, sem sequer conhecer a potência daqueles. Nós, porém, que, *[343]* segundo o possível, seguimos o autor sagrado, celebramos a Deus superpoderoso como todo-poderoso, como bem-aventurado e único soberano[160], como dominador no reino da própria eternidade, como aquele que não pode estar excluído de nenhum dos seres, mas, antes, tem, eminentemente e antecipadamente, todos os seres, segundo potência que é supersubstancial e concede a todos os seres, com efusão exuberante, o poder ser e o ser tal, *[893D]* segundo substância de um poder supereminente.

§ 7. *[344]* Deus é celebrado também como justiça, na medida em que distribui a todos segundo o mérito, e define para cada um a justa medida, a beleza, a ordem, o decoro e todas as distribuições e *[896A]* ordens, segundo definição justíssima e verdadeiramente existente, e é para todos o causador da obra própria de cada um. *[345]* Pois a justiça

---

[159] Cf. 2Tm 2, 13; Hb 6, 18: "Deus não pode mentir".

[160] Cf. 1Tm 6, 15. O termo grego *dynástes* ou "soberano" associa-se expressamente a *dýnamis* ou "potência".

divina dispõe e determina todas as coisas e, mantendo inteiramente não misturadas e não confusas todas as coisas, concede a todos os seres o que convém a cada um, segundo a dignidade que cabe a cada um dos seres. *[346]* Se dizemos isso corretamente, a tantos, quantos se opõem à justiça divina, escapa que estejam envoltos em evidente injustiça própria. Pois dizem *[347]* que seria necessário a imortalidade estar nos mortais, e a perfeição, nos imperfeitos, e a necessidade de movimento alheio, nos de movimento autônomo, e a identidade, nos alteráveis, a potência perfeita, nos frágeis, e seria necessário as coisas temporais ser eternas, e as coisas que se movem por natureza ser imutáveis, e os prazeres ocasionais ser eternos; em suma, atribuem a uns o que é de outros. *[348]* Deveriam saber que a justiça *[896B]* divina é realmente a verdadeira justiça, na medida em que concede as coisas próprias segundo a dignidade de cada um dos seres e conserva a natureza de cada um no lugar e potência próprios de cada um.

§ 8. *[349]* Mas alguém poderia dizer que não é justo deixar os homens santos sem defesa quando são perseguidos pelos maus. *[350]* A esse deve-se responder que, se aqueles que chamas santos amam o que é invejado pelos seres materiais, decaíram totalmente do amor de Deus, e não sei como poderiam ser chamados santos aqueles que maltratam as coisas verdadeiramente amáveis *[896C]* e divinas, e que maliciosamente as recusam por causa daquelas que não deveriam nem invejar nem amar. Se, porém, amam as coisas verdadeiramente existentes, é preciso que os que desejam algo se alegrem quando tendam para o que desejaram. Não é verdade que estão mais próximos das virtudes dos anjos quando, quanto possível, por causa do desejo das coisas divinas, se afastam da afeição das coisas terrestres, a exercitar-se nisso virilmente, nas adversidades em favor do bem? Assim, é verdadeiro dizer que próprio da justiça divina é, antes, não amolecer nem dissolver o vigor viril dos melhores outorgando-lhes favores materiais, e, se alguém tentar fazer isso, não deixá-lo sem ajuda, mas confirmá-lo em um estado belo e imutável e conceder o que é justo aos que são sempre os mesmos.

§ 9. *[351] [896D]* Portanto, a justiça divina é celebrada como salvação universal, por salvar e preservar a substância própria de cada um e purificá-la dos demais e por ser puramente a causa da ação particular no todo. *[352]* Se, porém, alguém a celebra como salvação por pôr todas as coisas a salvo do pior, *[897A]* também nós subscrevemos totalmente esse canto de celebração da salvação universal. *[353]* Julgaremos justo que ele defina essa primeira salvação como a que salvaguarda todas as coisas como imutáveis em si, sem discórdias, não propensas ao pior, e que dispõe todas as coisas longe da batalha e da guerra, segundo as razões de cada uma, e que elimina de todas as coisas toda desigualdade e ação estranha, e que confirma as relações de cada uma, de maneira que não decaiam nem se transformem no contrário. Pois, sem afastar-nos da Sagrada Escritura, celebraríamos ainda essa salvação como a que resgata da perda dos bens próprios todos os seres, com a sua bondade salvadora de tudo, na medida em que tais bens supõem a natureza daqueles que se salvaram. *[354]* Por isso, os sagrados autores chamam-na também redenção, seja porquanto *[897B]* não permite que as coisas que realmente existem caiam no não-ser, seja porquanto, se algo se inclinar para o pecaminoso e desordenado e sofrer diminuição da plenitude dos bens próprios, ela o redime do sofrimento, da fraqueza, da privação, suprindo aquilo que falta e paternalmente sustentando a debilidade e libertando do mal; ou antes, situando-o no bem, reparando o bem desaparecido, ordenando, dispondo a desordem e a desarmonia dele, aperfeiçoando a inteireza, libertando de todas as manchas. *[355]* Mas já se falou disso e da justiça, segundo a qual se mede e se delimita a igualdade de todas as coisas, e se elimina toda desigualdade que depende da privação de igualdade dos seres singulares. Pois, se se compreender desigualdade *[897C]* como as diferenças no universo de todos para todos, também dela a justiça é preservadora, por não permitir que todas as coisas misturadas *[356]* com todas as outras sejam sem ordem, velando todos os seres segundo a forma em que cada um existe por natureza.

CAPÍTULO IX

Do grande, do pequeno, do mesmo, do outro, do semelhante, do dessemelhante, do repouso, do movimento, da igualdade

§ 1. *[357] [909B]* Mas visto que também o grande e o pequeno são atribuíveis ao causador de todas as coisas, bem como o mesmo e o outro, o semelhante e o dessemelhante, o repouso e o movimento, vamos, contemplemos tudo quanto é visível a nós dessas imagens dos nomes divinos! *[358]* Pois Deus é celebrado como grande[161] nas Escrituras tanto na grandeza como na aura sutil que manifesta a divina pequenez (cf. 1Rs 9, 12). Ele é o mesmo, quando a Escritura diz: "Tu és o mesmo" (cf. Sl 102 (101), 28; Ml 3, 6). É outro, quando é apresentado pela mesma Escritura como de muitas figuras e muitas formas (cf. Ez 1, 26. 27; Dn 10, 6; Ap 9, 2). É semelhante, porquanto substrato de todas as coisas semelhantes e da semelhança[162]. É dessemelhante de todos, porquanto nenhum ser é semelhante a ele (cf. Is 40, 25; 46, 5). Está de pé (cf. Ex 17, 6. 9) e é imóvel, está assentado para a eternidade (cf. Bar 3, 3;

---

[161] Cf. Sl 147 (146), 5: "grande é o Senhor e grande é a sua potência".

[162] Cf. Gn 1, 26-27, onde se diz simplesmente que Deus cria o homem à sua imagem e semelhança, ao passo que aqui Dionísio acrescenta que Deus cria também a semelhança, que deve ser identificada com a semelhança-em-si da qual se fala em DN V, 820 A-B; DN IX, 913 D.

Dn 3, 55) e é móvel (cf. Sl 18 (17), 11; Gn 11, 7; 2Sm 22, 10), porquanto penetra em todas as coisas. É quantos outros nomes divinos de valor semelhante ao desses são celebrados pelas Escrituras.

§ 2. *[359] [909C]* Deus é nomeado grande em razão da grandeza própria dele, a qual se comunica a todo ser grande *[360]*, e se difunde e estende para fora de toda grandeza, por conter todo lugar, superar todo número, transcender toda infinidade, e é nomeado grande em razão da superplenitude dele e da grandeza da operação e do transbordamento dos dons dele, porquanto esses dons, ainda que tudo deles participe segundo efusão doadora infinita, são totalmente inesgotáveis, mantêm essa mesma superplenitude e não diminuem pelas participações, mas, antes, sobrepujam. *[362]* Essa grandeza é não só sem limite mas sem quantidade e sem número, e tal é a exuberância segundo a efusão absoluta e imensa de sua incompreensível grandeza.

§ 3. *[363] [912A]* Diz-se que Deus é pequeno e sutil, por escapar a todo peso e distância e estender-se sem obstáculos através de todas as coisas. E, na verdade, o pequeno é causa de tudo, pois não encontrarás nada que não participe da ideia do pequeno. *[364]* Assim, pois, é para atribuir o pequeno a Deus, porquanto presente de modo imediato em tudo e por tudo e por agir e "penetrar até a divisão da alma e do corpo, das junturas e das medulas, dos entendimentos do coração" (Hb 4, 12), ou, antes, de todos os seres. Pois "não há nenhuma criatura invisível ao olhar dele" (Hb 4, 13). *[365]* Esse pequeno é sem quantidade e sem extensão, sem força, sem limitação, *[912B]* sem finitude; compreende tudo, ele mesmo, porém, não é compreendido.

§ 4. *[366]* O mesmo é supersubstancialmente eterno, invariável, permanece sempre em si mesmo, mantém-se sempre da mesma maneira, está igualmente presente em tudo, *[367]* coloca-se a si mesmo, por si mesmo, de modo estável e sem mancha, nos belíssimos confins de uma identidade supersubstancial, *[368]* imutável, sem perda, inflexível, invariável, não misturado, imaterial, simplicíssimo, sem necessidade, sem crescimento, sem diminuição, sem nascimento, não como não gerado ou *[912C]* inacabado ou não gerado por isto ou por aquilo, não como não estando em nenhum lugar, mas como não gerado acima de tudo, não gerado absolutamente, existindo sempre, existindo perfeitamente, sendo idêntico a si mesmo, determinado por si mesmo de forma unificada e idêntica, fazendo o mesmo resplandecer sobre todos aqueles que são capazes de participar dele, ligando os seres uns aos outros, por ser substância abundante e causa de identidade, a conter em si antecipadamente, de modo idêntico, também os contrários, segundo uma e única causa supereminente de toda identidade.

§ 5. *[370] [912D]* Deus é alteridade, porque, providencialmente, está presente em todos e se faz tudo em todos pela salvação de todos[163], permanecendo em si mesmo, imutável em sua própria identidade, mantendo-se segundo uma ação única e ininterrupta, doando-se a si, com indefectível potência, em favor da deificação dos convertidos a ele. *[371]* É preciso crer que a alteridade das imagens variadas de Deus, segundo as multiformes visões, significa algo outro que as aparências *[913A]* daquilo a que se parecem. Do mesmo modo, se a razão imaginasse a alma corporeamente, e imaginasse as divisões corporais aplicadas ao indivisível, entenderíamos de outro modo as divisões impostas à alma, isto é, do modo próprio à indivisibilidade da alma. Diríamos que a cabeça é a inteligência; o pescoço, a opinião, porquanto no meio do racional e irracional; o peito, a irascibilidade; o ventre, os apetites; as pernas e os pés, a natureza; usando os nomes das divisões como símbolos das potências. Com muito maior razão, acerca do que transcende tudo, é preciso purificar as variedades das formas e das figuras com explicações sagradas, dignas de Deus, místicas. E se queres atribuir a Deus, que não se pode nem tocar nem representar, as três dimensões

---

[163] Há provavelmente uma alusão a 1Cor 12, 6, mas a salvação deve ser compreendida tal como foi explicada em DN VIII, 896 D.

dos corpos, será preciso dizer que a grandeza divina é a muito ampla processão de Deus dirigida a tudo, e o comprimento, *[913B]* a potência muito estendida acima de tudo, e a profundidade, o segredo e desconhecimento inconcebíveis a todos. *[372]* Mas, para que não nos enganemos, confundindo os nomes divinos incorpóreos com os apelativos dos símbolos sensíveis, por causa da interpretação das figuras e formas outras, trataremos disso na *Teologia simbólica*. No momento, vejamos a mesma alteridade divina, não como alguma alteração da identidade incontrovertível, mas como unidade multiplasmável e aspectos unos da processão fecunda dirigida a tudo.

§ 6. *[373] [913C]* Se alguém disser que Deus é semelhante para dizer que é o mesmo, na medida em que é semelhante completamente e em tudo a si mesmo de modo estável e indivisível, não devemos desprezar o apelativo divino semelhante. *[374]* Os autores sagrados, na verdade, dizem que Deus, que está acima de tudo, em si mesmo, não é semelhante a nada, e que, entretanto, ele, tanto definição como razão que está acima de tudo, concede a divina semelhança àqueles convertidos a ele por imitação feita segundo as possibilidades. E a potência da semelhança divina é aquela que conduz ao causador todas as coisas produzidas. Essas, portanto, é preciso dizer que são semelhantes a Deus, segundo a imagem e semelhança divina (cf. Gn 1, 26), pois a elas Deus não é semelhante, porque nem o homem é semelhante à própria imagem. Acerca dos semelhantes, é possível que sejam eles mesmos semelhantes uns aos outros, que a semelhança de uns seja recíproca à dos outros, que sejam mutuamente semelhantes uns aos outros, segundo *[913D]* a preexistência de uma forma semelhante; porém, acerca da causa e dos efeitos, não admitimos reciprocidade. Pois não é a estes ou àqueles que Deus permite ser semelhantes, *[375]* mas é para todos que participam da semelhança que Deus se torna causa de serem semelhantes e substrato da mesma semelhança-em-si. E o que é semelhante em tudo *[916A]* é semelhante a algum traço da semelhança divina e completa a união de tudo.

§ 7. *[376]* Mas por que se deve falar disso? Pois a própria Sagrada Escritura ensina que Deus é dessemelhante e não se pode comparar a nada, na medida em que é diverso de todos, e, coisa mais admirável, afirma que não existe nada semelhante a ele. Todavia, esse arrazoado não é contrário à semelhança para com ele. As coisas mesmas são tanto semelhantes a Deus como dessemelhantes: semelhantes, segundo a imitação possível do inimitável; dessemelhantes, segundo a inferioridade dos efeitos, a qual se afasta da causa com medidas não só infinitas mas incomparáveis.

§ 8. *[377] [961B]* E que diremos da imobilidade ou estabilidade divina?[164] Que outra coisa é senão o mesmo Deus permanecer em si mesmo, e unitariamente nascer e estar supercolocado na identidade imóvel, e atuar segundo coisas idênticas e no que é idêntico e de modo idêntico, e a partir de si mesmo subsistir o mesmo totalmente, de modo indefectível e sem mudança e completamente sem movimento, e tudo isso supersubstancialmente? Pois ele mesmo, que está acima de toda estabilidade e imobilidade, é causa da imobilidade e da estabilidade de, e todas as coisas são estáveis nele, conservadas inalteradas por causa da imobilidade dos bens próprios.

§ 9. *[379] [916C]* Que dizer, pois, quando os autores sagrados afirmam que o imóvel desce e se move em direção a todas as coisas? Não é preciso entendê-lo de modo digno de Deus? Pois é preciso crer, de maneira pia, que ele se move, não segundo deslocamento ou mudança ou alteração ou conversão ou movimento local, nem segundo a reta, nem

---

[164] Imobilidade, com que se traduz *stásis* ou "estar de pé", e estabilidade, com que se traduz *kathédra* ou "estar sentado", possuem o mesmo significado. De fato, por estabilidade não se supõe que se levante ereto, porque se sentasse curvado, mas se indica, por estabilidade, a quietude e imutabilidade de Deus e, por "estar sentado", que Deus está ininterrupta e incompreensivelmente em um reino e um repouso sem fim" (PG 4, 380 D). Não obstante, é assim que na Sagrada Escritura se fala frequentemente de Deus que se senta e se ergue de pé (cf. Hab 3, 8; Sl 18 (17), 11; 9, 5; 147 (146), 9).

segundo o círculo, nem segundo ambos, nem segundo o intelecto, nem segundo a alma, nem segundo a natureza, mas na medida em que Deus conduz à substância e contém tudo, e é totalmente providencial em toda parte, e está presente em tudo, pelo cerceamento inapreensível de tudo e pelas processões e atuações providenciais voltadas a tudo. Mas também os movimentos de Deus, imóvel, é preciso celebrar com a palavra de modo digno de Deus. *[380]* O movimento reto é preciso entender-se como o indeclinável, como a processão indeclinável das operações divinas, como o nascimento de todas as coisas a partir de Deus mesmo; *[916D]* o movimento helicoidal, como processão estável e estabilidade fecunda; o movimento circular, como ser o mesmo, e conter os meios e os extremos, que contêm e são contidos, como a conversão para ele das coisas que dele saíram.

§ 10. *[381] [917A]* Se se remetem à igualdade os nomes divinos de idêntico e justiça das Escrituras, é preciso dizer que Deus é igual, não somente como indivisível e indeclinável, mas também porque esparge sua luz de modo igual sobre todas as coisas e através de todas as coisas *[382]* e porque é substrato da igualdade-em-si, na medida em que atua com igualdade a mútua interpenetração semelhante de tudo, *[383]* a participação dos que de modo igual se transmutam segundo as aptidões de cada um, a doação igual distribuída entre todas as coisas segundo o merecimento, e na medida em que contém em si antecipadamente toda igualdade intelectível, intelectual, racional, sensível, substancial, natural, volitiva[165], transcendentemente e unitariamente, segundo potência produtora de toda igualdade que está acima de tudo.

---

[165] A igualdade diz respeito a toda ordem de realidade: aos anjos (igualdade intelectual), aos homens (igualdade racional), aos animais (igualdade sensível), às plantas (igualdade natural), aos seres inanimados (igualdade substancial). A igualdade volitiva concerne à liberdade de escolha própria dos homens. A igualdade inteligível faz referência tanto aos arquétipos como aos anjos (cf. PG 4, 384 B-C).

CAPÍTULO X

Do onipotente, do antigo dos dias, e também da eternidade e do tempo

§ 1. *[384] [936D]* É tempo de celebrar com a palavra a Deus, o de muitos nomes, como onipotente e antigo dos dias. *[385]* Pois onipotente se diz por ser Deus sede onipotente de todas as coisas, a qual contém e mantém o universo; o consolida, funda e estreita; perfaz em si mesma o todo; produz a partir de si mesma, como de raiz onipotente, o universo e converte para si mesma, *[937A]* como para solo onipotente, todas as coisas e as contém, *[386]* qual sede onipotente de todas as coisas; mantém na unidade tudo o que contém e não permite que os seres se percam, movidos para fora da sede perfeita. *[387]* A tearquia diz-se onipotente, não só na medida em que reina sobre todas as coisas e comanda, com pureza, as coisas que domina, mas na medida em que é desejável e muito amável e impõe a tudo jugos voluntários e as doçuras agradáveis do amor à bondade mesma de Deus, não só onipotente mas indissolúvel.

§ 2. *[388] [937B]* Como antigo dos dias celebra-se Deus por ser de todas as coisas tanto eternidade como tempo e por estar antes dos dias e antes da eternidade e do tempo. *[389]* É de modo digno de Deus que é preciso chamá-lo tempo, dia, ocasião, eternidade, porquanto é, segundo todo movimento, imutável e imóvel e permanece junto a si mesmo em seu eterno mover-se, *[390]* e porquanto é causa da eternidade, do tempo e dos dias. *[391]* Por isso, também nas sagradas aparições das visões místicas, Deus plasma-se ora como velho ora como jovem[166], o ancião, de um lado, significando aquele que é primeiro e existe desde o princípio, e o jovem, de outro, aquele que é sem velhice; ou ainda, ambos ensinando que ele procede do princípio até o fim através de todas as coisas; ou ainda, como afirma o nosso divino iniciador, um e outro demonstrando a principalidade de Deus: o ancião tendo a primazia no tempo, e o jovem, o princípio segundo o número, *[937C]*, uma vez que a unidade e o que é relativo à unidade dentre os números que progridem em direção ao múltiplo são mais principiais.

§ 3. *[392]* Mas é preciso, creio, conhecer, a partir das Escrituras, a natureza do tempo e da eternidade[167]. *[393]* De fato, elas chamam eterno, não o que é de todo e perfeitamente incriado e realmente perene[168], mas o que é incorruptível, imortal, imutável e sempre igual[169], como

---

[166] Os dois nomes, velho e jovem, remetem ao *Parmênides* de Platão (cf. 140e-141d), uma vez que não é fácil encontrar tais nomes na Sagrada Escritura, em que pesem textos parecidos (Dn 7, 9; Hb 13, 8).

[167] É um tema clássico dos neoplatônicos (cf. PLOTINO, *Enéadas* III, 7; W. BEIERWALTES, *Eternità e tempo. Plotino, Enneade III, 7. Saggio introduttivo, testo con traduzione e commentario*. Introduzione di G. Reale. Milano, Vita e Pensiero, 1995; PROCLO, *Comentário ao Parmênides* VII). Na perspectiva neoplatônica, o tempo indica a duração dos seres sujeitos ao movimento, os quais nascem, se transformam e morrem. Como tal, diz respeito ao mundo animal e vegetal e também ao homem, na medida em que ele, na sua existência material, está sujeito ao movimento. A eternidade, ao contrário, refere-se aos anjos e a Deus e também aos homens, na medida em que, na sua vida eterna, são estáveis. O problema que surge daí, porém, é o seguinte: como explicar a "eternidade" de Deus, dos anjos e dos homens?

[168] "Realmente perene" é tradução de *óntos aídios*, de que *aídios* se distingue de *aiónios*, isto é, eterno, que se reserva a Deus. Já "incriado" é tradução de *agénetos*.

[169] Ou seja, não somente Deus, mas também as naturezas incorruptíveis. O escoliasta identifica-as com os anjos ou com o céu superior e cita, à luz da Escritura, Sl 148, 6 e 2 Cor 4, 18 (cf. PG 4, 385 D).

quando dizem: "Abri, ó portas eternas"[170], e coisas do gênero. Frequentemente, elas designam também o que é muito antigo com a denominação de eterno e, às vezes, declaram como eternidade toda a duração do nosso tempo, *[394]* na medida em que é próprio da eternidade ser antiga e invariável e medir todo o ser. De outro lado, as Escrituras chamam *[937D]* tempo *[395]* aquele que, ora um ora outro, ora de um modo ora de outro, está na geração, na corrupção, na alteração. *[396]* Assim a Sagrada Escritura diz que nós, ainda que temporalmente limitados, participaremos da eternidade quando atingirmos a eternidade incorruptível e sempre idêntica a si mesma. *[397]* Nas Escrituras, às vezes, glorificam-se a eternidade temporal (cf. Sl 49 [48], 9) e o tempo eterno[171], embora saibamos que, nelas, o que existe mais propriamente se diz e se designa com a eternidade, *[940A]* e o que está na geração, com o tempo. *[398]* É preciso, portanto, não pensar que os seres chamados eternos são propriamente co-eternos com Deus, que existe antes da eternidade, mas, sem desviar-se das venerabilíssimas Escrituras, interpretar esses adjetivos, "eternos" e "temporais", segundo os modos conhecidos delas, e interpretar como intermediários entre o ser e o devir os que participam, aqui, da eternidade e, ali, do tempo[172]. Já Deus nós o celebramos como eternidade e como tempo, porquanto autor de todo tempo e de toda eternidade e antigo dos dias, porquanto está antes do tempo e acima do tempo e alterna ocasiões e tempos e reina sobre a eternidade, na medida em que está antes da eternidade e acima da eternidade, e "o reino dele é o reino de toda a eternidade" (cf. Sl 145 [144], 13). Amém.

---

[170] Sl 24 (23), 7. "Chama portas eternas tanto os céus como os anjos, subtendendo estes como porteiros" (PG 4, 385 D).

[171] Cf. Rm 16, 25; 2Tm 1, 9; Tt 1, 2; Sl 77 (76), 6 ("anos eternos").

[172] Não é claro se esses seres intermediários são ainda os anjos e almas ou os homens que vêm a ser na terra, mas são destinados à eternidade. No primeiro caso, os arquétipos das criaturas seriam o ser ou, literalmente, "as coisas que existem"; no segundo caso, os anjos.

CAPÍTULO XI

Da paz, e que significa o ser-em-si, e a vida-em-si, e a potência-em-si, e outros desses dizeres

§ 1. *[399] [948D]* Agora, vam2os, celebremos a paz divina, princípio de união, com hinos pacíficos! *[400]* Pois é ela que une tudo e engendra e opera a concórdia e coesão de todas as coisas. *[401]* Por isso todas as coisas tendem para ela, que reconduz à unidade total a multidão divisível delas e une *[949A]* numa coexistência uniforme a guerra interna do todo. *[402]* É pela participação na paz divina que as mais dignas das potências congregantes[173] se unem a si mesmas e umas às outras e ao princípio e causa únicos e totais da paz de todas as coisas, *[403]* os quais, expandindo-se indivisivelmente no universo, reúnem tudo como que em recipientes e limitam e protegem e impedem que os que se dividiram fujam para o indefinido e indeterminado, desordenados, instáveis, vazios de Deus, afastados da união deles, misturados confusamente uns com os outros. *[404]* Porém, de que se trata essa mesma paz e quietude

---

[173] As potências congregantes mais dignas são os anjos e, particularmente, aqueles da primeira ordem que estão unidos diretamente a Deus e unem a si os seres inferiores (cf. CH VI, 200 D).

divina que S. Justo[174] chama silêncio e, em relação a todo movimento conhecido, imobilidade; *[949B]* como se apazigua e fica quieta e como está em si e dentro de si e, ao entrar em si e ao multiplicar-se, não abandona a união consigo, mas, ao contrário, se projeta em todas as coisas, permanecendo internamente inteira, por causa da excelência da união que transcende tudo – em suma, isso nem permitido nem possível é a nenhum dos seres dizer ou entender. Mas é considerando-a algo inefável e incognoscível, porquanto está acima de tudo, que examinaremos as participações inteligíveis e dizíveis nela, e isso quanto possível aos homens e a nós, inferiores a muitos bons homens.

§ 2. *[406] [949C]* E, em primeiro lugar, é preciso dizer que Deus é o substrato da paz-em-si, daquela geral e daquela particular, e que reúne todas as coisas umas com as outras segundo união não confusa. *[407]* Segundo ela, cada coisa, indivisivelmente unida, conserva, segundo o que lhe é próprio, o aspecto, sem perturbar-se pela mistura das coisas contrárias e sem apagar algo da exatidão e pureza unificadora. Consideremos, portanto, essa natureza única e simples da união pacífica, que une todas as coisas em si mesma e nelas mesmas e umas com as outras, e as conserva todas com a coesão pura de todas, sem misturá-las e sem confundi-las. *[408]* Por causa dela, as inteligências divinas estão unidas às suas intelecções e aos objetos das intelecções e ainda ascendem em direção ao contato incognoscível das coisas colocadas acima do intelecto. *[409] [949D]* Por causa dela, as almas, ao unir suas múltiplas razões e reunir-se na pureza única da inteligência, ascendem, segundo o seu modo próprio, num caminho ordenado, através de um intelecto imaterial e indivisível, em direção à união que está acima do intelecto. *[410]* Por causa dela, a conexão única e indissolúvel de todas as coisas subsiste

---

[174] Talvez devamos identificá-lo, na intenção do autor, antes com "José, chamado Barsabás, que tinha por sobrenome o Justo" do que com Matias, que foi candidato à sucessão de Judas (cf. At 1, 23). Nos escritos do Novo Testamento, porém, recordam-se também um Tício Justo e um Jesus, chamado o Justo, amigos de Paulo (cf. At 18, 7; Cl 4, 11).

segundo a divina harmonia dela e se harmoniza com perfeita consonância e consenso e naturalidade, congregando sem misturar, *[952A]* contendo sem dividir. *[411]* De fato, a universalidade da paz perfeita passa por todos os seres, segundo a presença simples e sem mistura da potência unificadora dela, que unifica todas as coisas e conecta os extremos aos extremos através dos medianos, juntando-os segundo uma única amizade co-natural, e concede que dela usufruam também os confins extremos do universo *[412]* e torna todas as coisas cognatas pelas unidades, identidades, uniões, congregações, permanecendo de modo evidentemente indivisível a paz divina e indicando todas as coisas em uma só e passando através de todas e não saindo de sua identidade própria. *[413]* Pois projeta-se em todas as coisas e comunica-se de acordo com o modo próprio de cada uma e transborda com a superabundância de sua fecundidade pacífica e permanece, por causa da excelência da união, *[952B]* toda unida a ela toda segundo ela toda.

§ 3. *[414]* Mas dirá alguém: "De que modo todas as coisas aspiram à paz? Pois muitas desfrutam da disparidade e da divisão e não desejariam jamais espontaneamente repousar?". *[415]* E se aquele que assim fala chama disparidade e divisão a propriedade de cada um dos seres, e sustenta que nenhum dos seres, enquanto existe, deseja perdê-la, a isso nós nada responderemos, mas declararemos que esse é um desejo de paz. De fato, todas as coisas amam estar em paz com elas mesmas, e estar unidas, e ser imóveis e incorruptíveis em si mesmas e em suas propriedades. *[416] [952C]* Pois a paz perfeita é conservadora da propriedade não confusa de cada coisa: com suas providências pacíficas, conserva tudo ao abrigo dos conflitos e discordâncias internas e externas; com sua potência sólida e indeclinável, estabelece tudo na paz e repouso[175].

§ 4. *[417]* E se todas as coisas que se movem não querem repousar, mas mover-se sempre com seu próprio movimento, também isso é um

---

[175] Portanto, o desejo da paz não compromete a diversidade dos seres que constituem o universo.

desejo da paz divina do universo, a qual conserva indefectíveis para com elas mesmas todas as coisas e mantém imóvel e indeclinável a propriedade e vida motriz de todas as coisas que se movem[176] *[952D]*, enquanto as coisas movidas, por estar em paz consigo e manter-se, atuam o que é delas.

§ 5. *[418]* Se, porém, alguém, chamando alteridade a queda para fora da paz, insistir em dizer que a paz não é amável a todos, responderemos sobretudo que não há nenhum dos seres que tenha caído totalmente fora de toda união. Pois aquilo que é completamente instável, *[953A]* indefinido, inconstante, indeterminado nem é ser nem está nos seres[177]. *[419]* Se, porém, afirma que são inimigos da paz e dos bens da paz aqueles que se congratulam com contendas, querelas, mudanças e sedições, responderemos que esses são dominados por imagens obscuras de um desejo de paz, agitados por paixões muito movimentadas, e desejosos, por falta de ciência, de estabilizá-las, e crentes de que estarão em paz na plenitude dos prazeres sempre fugidios, perturbados pela desordem dos prazeres que os dominam. *[420]* Que coisa dizer, pois, do pacífico amor ao homem que há em Cristo? É segundo ele que aprendemos a não mais estar em guerra com nós mesmos, nem uns com os outros, nem com os anjos, mas a realizar com esses as coisas divinas segundo a nossa possibilidade, segundo a providência de Jesus que realiza "tudo em todos" (Ef 1, 23), e produz uma paz inefável e predeterminada desde toda eternidade, e nos reconcilia *[953B]* no Espírito Santo com ele e, segundo ele e nele, com o Pai[178]. Mas de todos esses dons sobrenaturais falamos suficientemente nas *Instituições teológicas*, conforme testemunhamos da inspiração sagrada das Escrituras.

---

[176] A respeito da diversidade dos movimentos, cf. DN IX, 916 B-D.

[177] O escoliasta observa justamente que aqui se rejeitam as teorias filosóficas helênicas que consideram possível a existência de uma matéria informe (cf. PG 4, 397 B-C).

[178] Esta passagem em seu conjunto evoca alguns textos paulinos: Ef 2, 11-22; Cl 1, 9-23; 3, 12-17; Rm 5, 1. Enquanto no *corpus Paulinum* se fala de paz na perspectiva histórico-salvífica, aqui se fala dela no plano ontológico.

§ 6. *[421]* Mas visto que também uma outra vez tu me perguntaste por carta o que eu chamo ser-em-si, vida-em-si, sabedoria-em-si, e disseste ter dúvida sobre o modo como eu chamo a Deus ora vida-em-si, ora substrato da vida-em-si, pensei que fosse necessário, ó santo homem de Deus, livrar-te dessa dúvida quanto eu possa. *[422]* Em primeiro lugar, para repetir uma vez mais o que já dissemos mil vezes, *[953C]* não é absolutamente contraditório dizer que Deus é potência-em-si ou vida-em-si e substrato da vida-em-si, da paz, da potência. Pois, de um lado, diz-se causador de todos os seres, por causa dos seres e sobretudo dos seres primeiros, e, de outro lado, diz-se aquele que supersubstancialmente está acima dos seres todos e primeiros. *[423]* Mas, em suma, o que, perguntas, chamamos ser-em-si ou vida-em-si ou tudo quanto propomos que exista absolutamente e primeiramente e que tenha saído de Deus primeiramente? *[424]* Isso, insistimos, não é tortuoso, mas é reto e tem uma clareza simples. Pois não dizemos que o ser-em-si é uma substância divina ou angélica, causa de serem todos os seres, pois um único e mesmo ser supersubstancial é princípio, substância, causa de serem todos os seres; nem dizemos que *[953D]* existe outra divindade geradora de vida que não a vida superdivina, causa de todos os seres que vivem e da vida-em-si; nem dizemos, para resumir, que existem substâncias e substratos primeiros e criadores dos seres, que alguns, por equívoco, proclamaram deuses e criadores dos seres, que, para falar com verdade e propriedade, não são deuses, na medida em que não existem, nem o são os pais deles. *[425]* Mas chamamos o ser-em-si e a vida-em-si e a divindade-em-si, *[956A]* segundo a principalidade e divindade e causalidade, o único princípio e causa superprincipal e supersubstancial de tudo, e, segundo a participação, potências providenciais doadas pelo Deus de que não se pode participar, a saber: a substância-em-si, a vida-em-si, a divindade-em-si, de que cada ser participa de modo próprio, de maneira que seja e se diga ser, vida, divinal, etc. Por isso, diz-se que o bom é substrato desses, seja deles inteiros, seja de partes deles, seja dos que deles participam inteiramente, seja dos que deles participam parcialmente. *[426]* Mas por que se deve falar disso? Porque alguns de nossos divinos mestres chamam causa da bondade-em-si e da divindade aquele está acima da bondade e da divindade, dizendo que a bondade--em-si e divindade são o dom benéfico e deífico procedentes de Deus, e o belo-em-si, a efusão que produz o belo-em-si, *[956B]* o belo inteiro, o belo parcial, as coisas inteiramente belas, as coisas parcialmente belas, e todas as outras que do mesmo modo são ditas e serão ditas, a revelar providências e bondades que se submetem à participação dos seres, que provêm, com ampla efusão, do Deus de que não se pode participar, de modo que a causa de todas as coisas permaneça rigorosamente acima de todas as coisas, e aquilo que é superior à substância e à natureza se mantenha totalmente acima de todas as coisas, quaisquer que sejam a substância e natureza dessas.

CAPÍTULO XII

Do santo dos santos, do rei dos reis, do senhor dos senhores, do deus dos deuses

§ 1. *[427] [969A]* Mas já que tudo quanto era necessário dizer acerca disso alcançou, como creio, termo adequado, devemos celebrar o de infinitos nomes como santo dos santos (cf. Dn 9, 24), rei dos reis (cf. 1Tm 6, 15; Ap 19, 16), aquele que reina pela eternidade e além da eternidade(cf. Ex 15, 18), e ainda como senhor dos senhores (cf. Sl 136 [135], 3; Ap 19, 16), *[969B]* deus dos deuses (Sl 50 [49], 1; 136 [135], 2). Mas, primeiro, é preciso dizer o que entendemos ser a santidade-em-si, e o que a realeza, e o que o senhorio, e o que a divindade, e o que as Escrituras querem evidenciar com a duplicação dos nomes.

§ 2. *[428]* Santidade, pois, é, segundo nosso modo de dizer, pureza livre de toda contaminação, perfeita, toda imaculada[179]. *[429]* Realeza é o poder de todo limite, regra, lei, ordem. *[430]* Senhorio é não só a superioridade relativa aos inferiores, mas também toda a perfeita posse das coisas boas e belas e estabilidade verdadeira e indefectível. Por isso, senhorio deriva de "senhor", de "senhorial", de "assenhorar"[180]. *[431]* divindade é a

---

[179] "Santidade [*hagiótes*] deriva, segundo a etimologia proposta pelos pagãos, de alfa privativo e *ágos*, que significa impureza, como se fosse *aagiótes*, que, posteriormente, se tornou *hagiótes*, com alfa longo", observa Paquímeres (PG 3, 973 A).

[180] A frase, assim traduzida, poderia explicar-se do seguinte modo: senhorio (*kyriótes*), que indica a posse plena e estável de todas as coisas e, portanto, a soberania

providência que tudo vê e, com bondade perfeita, contempla e contém e enche de si e que supera tudo que usufrui da providência dela.

§ 3. *[432]* Devem-se celebrar essas coisas de modo absoluto pela causa que tudo supera, e deve-se confessar que tais são santidade e senhorio superiores, reino supremo, divindade simplíssima. Pois foi dela que, *[969D]* de uma só vez e instantaneamente, brotaram e se fizeram possíveis toda exatidão não misturada de toda pureza sincera, todo ordenamento e ornamento dos seres que desses excluíram desarmonia, desigualdade, assimetria, *[972A]* e irradiaram para a identidade e retidão bem ordenadas, e circundam o que é digno de participar dela; dela, toda a posse perfeita de todas as coisas belas, toda providência benéfica que contempla e contém as coisas que provê, a doar-se a si mesma, benignamente, em favor da divinização daqueles que se converteram a ela.

§ 4. *[433]* Porém, já que o causador de tudo a tudo preenche, segundo uma superabundância única que tudo supera, é celebrado como santo dos santos e com outros nomes, segundo causa transbordante e superioridade apartada, como se alguém dissesse: quanto os que existem, santos ou divinos ou senhores ou régios, superam os que não existem, *[972B]* e as participações-em-si superam os que delas participam, tanto se assenta além de todos os seres aquele que está além de todos os seres e é causa imparticipável de tudo que participa e de que se participa. *[434]* As Escrituras chamam santos (cf. Mt 27, 52; Ap 16, 6; 1Ts 3, 13; 2Ts 1, 10), reis (cf. Ap 5, 10; 1Pd 2, 9), senhores (cf. Ef 6, 5; Cl 3, 22; 1Tm 6, 1), deuses (cf. Sl 82 (81), 6; Jo 10, 34-35) os principais ornamentos que há em cada ser, por meio dos quais os segundos ornamentos, ao participar dos dons que procedem de Deus, multiplicam, aqui e ali, as diferenças deles, cuja diversidade os primeiros reconduzem, providencialmente e divinamente, à unidade que é própria deles.

---

sobre todas as coisas, deriva do substantivo *kyros*, que significa potência, autoridade, força; do adjetivo *kýrios*, que indica a qualidade de quem detém o poder; do verbo *kyrieúo*, que indica o estado de quem detém o poder.

CAPÍTULO XIII

Do perfeito e do uno

§ 1. *[435] [977B]* Baste isso acerca dessas coisas. Sobre o restante, se te parece bem, localizemos com a razão o mais importante. Pois a Sagrada Escritura predica o causador de tudo não só com tudo mas com tudo simultaneamente e celebra-o como o perfeito e como o uno. De um lado, pois, é perfeito não somente como perfeito em si e unitariamente limitado a si mesmo segundo ele mesmo e inteiro perfeitíssimo através do todo, mas também como mais que perfeito segundo a superação de tudo e delimitação de toda indefinição, a transbordar, todavia, toda definição e sem ser localizado ou compreendido por nada, *[438]* mas a estender-se a tudo e ao mesmo tempo acima de tudo com dons inesgotáveis e infindáveis operações. Além disso, diz-se perfeito na medida em que não cresce e é sempre perfeito e na medida em que não diminui, na medida em que contém em si antecipadamente todas as coisas e transborda segundo uma única liberalidade, inesgotável, idêntica, superabundante, constante, segundo a qual ele perfaz *[977C]* todas as coisas perfeitas e as enche de sua própria perfeição.

§ 2. *[439]* De outro lado, é uno porque é unitariamente tudo, segundo a transcendência de uma única unidade, e é a causa de todas as coisas sem abandonar o uno. *[440]* Pois nenhum dos seres deixa de ser partícipe do uno, mas, assim como todo número participa do uno, *[441]* e se diz um par e uma década, uma metade e um terço, um décimo, assim todas as coisas e a parte de todas as coisas participam do uno, e é por existir o uno que todos os seres existem. *[442]* E o uno causador de todas as coisas não é o uno de muitas coisas, mas está antes de todo uno e plural *[977D]* e é definidor de todo uno e plural. Pois nenhum *[980A]* plural deixa de ser partícipe do uno, mas o que é plural pelas partes é uno pelo todo, e o que é plural pelos acidentes é uno pela substância, e o que é plural pelo número ou pelas potências é uno pela espécie, e o que é plural pela espécie é uno pelo gênero, e o que é plural pelas processões é uno pelo princípio, e nenhum dos seres há que não participe, de algum modo, do uno que, na unidade total e unitariamente, compreende antecipadamente todas as coisas, todo o universo e os contrários. *[443]* E sem o uno não existe pluralidade, sem pluralidade, porém, existirá o uno, como também a unidade está antes de todo número multiplicado. *[444]* E se se supusesse que todas as coisas estivessem unidas a todas, todas seriam o uno pelo todo.

§ 3. *[445]* *[980B]* Além disso, é preciso saber que, segundo a espécie providenciada de cada coisa, se diz que as coisas unidas se unem, e que o uno é o elemento constitutivo de tudo. *[446]* E se suprimisses o uno, nem totalidade, nem parte, nem nenhum outro dos seres existiriam. Pois o uno unitariamente compreende em si, de modo antecipado e abrangente, todas as coisas. *[447]* Desse modo, portanto, a Sagrada Escritura celebra com o nome de uno a tearquia inteira, porquanto causa de todas as coisas[181], o único Deus é o Pai, e o único senhor é Jesus Cristo (cf. 1 Cor 8, 6), e um único e mesmo é o Espírito (cf. 1Cor 12, 9; Ef 4, 4), em virtude da indivisibilidade supereminente da unidade divina toda, na qual todas as coisas singularmente são congregadas e são superunidas e preexistem supersubstancialmente. *[448]* Por isso, tudo é

---

[181] "É a santíssima e adorável trindade. É dita una e uma coisa só pela inefável unidade da natureza" (PG 4, 409 C-D). A ênfase é colocada no fato de que o princípio da deificação é um só.

justamente comparado e contraposto ao uno, graças ao qual, a partir do qual, por meio do qual, no qual e para o qual tudo existe e se constitui e permanece e é contido e se completa *[980C]* e se converte. *[449]* E nenhum dos seres poderias encontrar que fosse aquilo que é e se perfizesse e se conservasse por outro motivo que o uno, de acordo com o qual se nomeia supersubstancialmente toda divindade. *[450]* E é preciso que também nós, convertendo-nos da pluralidade ao uno pela potência da divina unidade, celebremos unitariamente a divindade total e una, o uno causador de todas coisas, que está antes de todo uno e pluralidade, parte e todo, definição e indefinição, limite e ilimitado, que determina todos os seres e o ser mesmo e é causador de todas as coisas e de todo o universo, ao mesmo tempo antes de tudo e acima de tudo e unitariamente, que define o próprio ser uno acima do próprio ser uno[182], *[451]* pois que o ser uno que está nos seres é numérico, mas o número participa da substância[183]. *[980D]* O uno supersubstancial define tanto o ser uno como todo o número e ele mesmo é princípio, causa, número e ordem do uno, do número e de todo ser. *[452]* Por isso, tanto a unidade celebrada como a trindade, isto é, a divindade que está acima de tudo, não são nem unidade nem trindade conhecida por nós ou algum outro dos seres, *[981A]* mas é para celebrarmos verdadeiramente o supremo uno e a divina fecundidade dela que nomeamos com os divinos nomes de tríade e unidade aquela que está acima do nome, que existe acima do que existe. Porém, nenhuma singularidade ou tríade, nem número nem unidade ou fecundidade, nem algo do que se conhece dos seres ou que os seres conhecem explica o segredo, que está acima tanto da razão como da intelecção, da suprema divindade, que a tudo supera supersubstancialmente; dela não há nome nem palavra, mas ela está apartada no inacessível. E nem mesmo o nome de bondade impomos a ela de

---

[182] "Deus, que está acima do ser, na medida em que é todas as coisas e é ainda criador e descobridor do número" (PG 4, 412D).

[183] "Observa que 'no número' (*enárithmon*) é indicação do número. Portanto, o uno que se considera nos seres, isto é, nas criaturas, considera-se segundo o conceito de número" (PG 4, 412D).

modo ajustado, mas, pelo desejo de entender e dizer algo acerca daquela natureza inefável, consagramos-lhe, primeiro, o mais venerável dos nomes. E também nisso seríamos consoantes com os autores sagrados, mas ficaremos longe da verdade das coisas. *[981B]* Por isso, também esses privilegiaram o método das negações, na medida em que separa a alma do que lhe é natural e a encaminha através de todas as intelecções divinas, das quais se aparta aquele que está acima de todo nome e toda razão e conhecimento, mas, por fim, a consorcia com aquele, tanto quanto é possível a nós consorciar-nos com aquele.

§ 4. *[453] [981C]* Após ter compilado esses nomes inteligíveis de Deus, nós os explicamos, quanto possível, ficando longe não só da exatidão deles – pois isso afirmariam com verdade até os anjos[184] – e dos hinos dos anjos a eles – pois os melhores dos nossos teólogos ficam aquém dos últimos dos anjos – e na verdade dos próprios teólogos e dos ouvintes e companheiros deles, mas também, por último e por baixo, dos nossos semelhantes. *[454]* Assim, se se tem por correto o que dissemos, e, quanto nos cabia, realmente atingimos com a inteligência a explicação dos nomes divinos, é preciso atribuir o feito ao causador de todos os bens, de que procedem, primeiro, o dom de falar e, depois, o dom de falar bem. E se algum nome equivalente tiver sido preterido, também esse deverá ser subentendido segundo os mesmos métodos. Se, porém, isso não se tem *[455]* nem por correto nem por perfeito, e da verdade nos tivermos desviado, quer totalmente quer parcialmente, *[981D]* caiba à tua gentileza corrigir aquele que involuntariamente ignora, e harmonizar o arrazoado para quem necessita instruir-se, e socorrer quem não tem auto-suficiência, e curar quem não quer estar doente, e transmitir também a nós tudo o que em ti mesmo, tudo o que nos outros descobres, tudo que do bem concebes. *[456] [984A]* Não te canses

---

[184] Os Padres da Igreja sublinhavam que Deus é incompreensível aos homens, não enquanto homens, mas enquanto criaturas, razão pela qual é incompreensível também aos anjos. Cf. JOÃO CRISTÓSTOMO, *Sobre a incompreensibilidade de Deus*, "Homilia I".

de fazer o bem a um homem amigo. Pois vês que nem nós confinamos a nós nenhum dos sagrados ensinamentos que nos foram transmitidos, mas os transmitimos e transmitiremos, imaculados, tanto a nós como a outros homens santos, tanto quanto nós formos capazes de falar, e aqueles a que se fala, de ouvir, sem injuriar a transmissão em nada, a não ser que desfaleçamos na intelecção ou na expressão daqueles ensinamentos. *[457]* Mas tenha-se e diga-se isso tanto quanto é agradável a Deus, e seja esse o fim do que dissemos dos nomes divinos inteligíveis. Sob a condução de Deus, passemos à teologia simbólica.

BIBLIOGRAFIA

1. *CORPUS DIONYSIACUM*

SUCHLA, B. R., *Corpus Dionysiacum* 1: *De divinis nominibus*. Berlin-New York. De Gruyter, 1990.

HEIL, G., *Corpus Dionysiacum* 2: *De Coelesti Hierarchia. De Ecclesiastica Hierarchia. De Mystica Theologica*. Berlin-New York, W. De Gruyter, 1991.

2. TRADUÇÕES

MARTIN, T. H., *Obras completas del Pseudo Dionísio*. Madrid, La Editorial Católica, 1990.

GANDILLAC, M., *Oeuvres complètes du Pseudo-Denys l'Aréopagite*. Paris, Montaigne, 1943.

SCAZZOSO, P., *Dionigi Areopagita. Tutte le opere*. Milano, Rusconi, 1999.

LILLA, S., *Gerarchia celeste. Teologia mistica. Lettere*. Roma, Città Nuova, 1986 (²1993).

_____, *La Gerarchia eclesiastica*. Roma, Città Nuova, 2002.

LUIBHEID, C., *The Complete Work*. New York-Mahwah, Paulist Press, 1997.

SUCHLA, B. R., *Die Namen Gottes*. Stuttgart, Hiersemanns, 1988.

3. ESTUDOS

ANDEREGGEN, I. E., *La metafísica de Santo Tomas en la Exposición sobre o De divinis nominibus de Dionísio Areopagita*. Beunos Aires, EDUCA, 1988.

ALTESOR, H., *Dionísio. El Místico*. Buenos Aires, Corregidor, 2000.

BAUCHWITZ, O. F. (org.), *O Neoplatonismo*. Natal, Argos Editora, 2001.

BEIERWALTES, W., *Plotino. Un cammino di leberazione verso l'interiorità, lo Sprito e l'Uno*. Milano, Vita e Pensiero, 1993.

_____, *Pensare l'Uno*. Milano, Vita e Pensiero, 1992.

_____, *Proclo. I fondamenti della sua metafísica*. Milano, Vita e Pensiero, 1990.

BONATO, A., *Dionigi Areopagita. Invito alla lettura*. Cinisello Balsamo (MI), San Paolo, 1999.

BRONS, B., *Gott und die Seienden. Untersuchungen zum Verhältnis von neuplatonischer Metaphysik und christlicher Tradition bei Dionysius Areopagita*. Göttingen, Vandenhoeck & Ruprecht, 1976.

CORSINI, E., *Il trattato De divinis nominibus dello Pseudo-Dionigi e I commenti neoplatonici al Parmenide*. Torino, Giappichelli, 1962.

DONDAINE, H. F., *Le Corpus Dionysien de l'Universitè de Paris au XIIIe siècle*. Roma, Ed. Di Storia e Letteratura, 1953.

EUGENIO MARIA, I., *Contemplación filosófica e contemplación mística*. Buenos Aires, Editorial de la Universidad Católica Argentina, 2002.

DE ANDIA, Y., *Hénosis. L'Union à Dieu chez Denys l'Aréopagite*. Leiden, Brill, 1996.

_____ (ed.), *Denys l'Aréopagite et sa posteritè en Orient et en Occident*. Paris, Institut d'Études Augustiniennes, 1997.

DE BONI, L. A. (org.) *Lógica e Linguagem na Idade Média*. Porto Alegre, Edipucrs, 1995.

FAES DE MOTTONI, B., *Il Corpus Dionysianum nel Medioevo. Rassegna di studi: 1900-1972*. Brescia, Il Mulino, 1977.

FYRIGOS, A., *Filosofia Patristica e Bizantina. Dalle origini dell'era cristiana alle lotte iconoclastiche*. Roma, PUG, 1995.

LAFONT, G. *História teológica da Igreja Católica. Itinerário e formas da teologia*. São Paulo, Paulinas, 2000.

LÉON, A., *Lê langage symbolique chez Denys l'Aréopagite: une vie vers la connaissance de Dieu*. Roma, Pontificium Athenaeum Sanctae Crucis, 1997.

LILLA, S., *Introduzione allo studio dello Pseudo-Dionigi l'areopagita*, Augustinianum 22 (1982) 533-577.

_____, *L'oriente greco: daí cappadoci allo pseudo Dionigi L'Areopagita*, in DAL COVOLO, E. (a cura di), *Storia della Teologia* 1: Dalle origini a Bernardo di Chiaravalle. Bologna, Dehoniane, 1995.

LIMA VAZ, H. C., *Experiência mística e filosofia na tradição ocidental*. São Paulo, Loyola, 2000.

LOUTH, A. ET ALII, *Christianity and the mystical*. London, The Way Publications, 2001.

KOCH, H., *Pseudo-Dionysius Areopagita in seinem Beziehungen zum Neoplatonismus und Mysterienwesen*. Mainz, Kirchheim, 1900.

O' ROURKE, F., *Pseudo-Dionysius and the Metaphysics of Aquinas*. Leiden-New York-Köln, Brill, 1992.

RAMOS-LISSÓN, D. ; MERINO, M. & VICIANO, A. (ed.) *El diálogo fe- -cultura en la Antiguedad cristiana*. Pamplona, Servicio de Publicaciones de la Universidad de Navarra-Eunate, 1996.

RICO PAVÉS, J., *Semejanza a Dios y divinización en el "Corpus Dionysiacum": platonismo y cristianismo en Dionísio el Areopagita*. Toledo, Estudio Teológico San Ildefonso, 2001.

ROMANO, F., *Il neoplatonismo*. Roma, Carocci, 1998.

ROQUES, R., *L'univers dionysien. Structure hiérarchique du monde selon le Pseudo-Denys*. Paris, Aubier, 1954.

_____, *Structures théologiques. De la gnose à Richard de Saint-Victor. Essais et analyses critiques*. Paris, PUF, 1962.

ROREM, P., *Pseudo-Dionysius. A Commentary on the texts and an introduction to their influence*. Oxford-New York, Oxford University Press, 1993 .

PASTOR, F. A., *A lógica do inefável*. São Paulo, Loyola, 1986.

SAFFREY, H. -D., *Recherches sur le néoplatonisme après Plotin*. Paris, Vrin, 1990.

SCAZZOSO, P., *Ricerche sulla struttura del linguaggio dello pseudo-Dionigi Areopagita. Introduzione alla lettura delle opere pseudo-dionisiane*. Milano, Vita e Pensiero, 1967.

VANNESTE, J., *Le mystère de Dieu*. Bruges, Desclée de Brouwer, 1959.

VÖLKER, W., *Kontemplation und Ekstase bei Pseudo-Dionysius*. Wiesbaden, Steiner, 1958.

YANNARAS, Chr., *Heidegger e Dionigi Areopagita. Assenza e ignoranza di Dio*. Roma, Città Nuova, 1995.

Outros livros da editora:

A Linguagem dos Pássaros
Farid ud-Din Attar

O Jardim e a Primavera, a história dos quatro dervixes
Amir Khusru

Poemas Místicos, *DIWAN* de Shams de Tabriz
Jalal ud-Din Rumi

Gulistan, o jardim das rosas
Saadi de Shiraz

Princípios Gerais do Sufismo
Sirdar Ikbal Ali-Shah

A Sabedoria Divina, o caminho da iluminação
Jacob Boehme

Ciência, Sentido e Evolução / Seis Pontos Teosóficos
Basarab Nicolescu / Jacob Boehme

Tao Te King
Lao-Tsé

Wu Wei, a sabedoria do não-agir
Henri Borel

Mutus Liber, o livro mudo da alquimia
Altus / José Jorge de Carvalho

O Simbolismo na Mitologia Grega
Paul Diel

Isagoge: introdução às *Categorias* de Aristóteles
Porfírio de Tiro / Bento Silva Santos

A Arte Sagrada no Oriente e no Ocidente
Titus Burckhardt

www.attar.com.br

Este livro foi composto
em Adobe Garamond e
impresso em pólen 90g.
pela Docuprint,
em abril de 2022.